Praxislehrbuch Steuerrecht

Karin Nickenig

Praxislehrbuch Steuerrecht

Schneller Einstieg in die gesetzlichen Grundlagen

4., aktualisierte Auflage

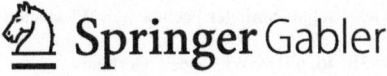

Karin Nickenig
Mülheim-Kärlich, Deutschland

ISBN 978-3-658-26831-2   ISBN 978-3-658-26832-9 (eBook)
https://doi.org/10.1007/978-3-658-26832-9

Die Deutsche Nationalbibliothek verzeichnet diese Publikation in der Deutschen Nationalbibliografie; detaillierte bibliografische Daten sind im Internet über http://dnb.d-nb.de abrufbar.

Springer Gabler
© Springer Fachmedien Wiesbaden GmbH, ein Teil von Springer Nature 2015, 2017, 2018, 2019
Die erste Auflage erschien unter dem Titel: „Praxisleitfaden Steuerrecht für Existenzgründer"
Das Werk einschließlich aller seiner Teile ist urheberrechtlich geschützt. Jede Verwertung, die nicht ausdrücklich vom Urheberrechtsgesetz zugelassen ist, bedarf der vorherigen Zustimmung des Verlags. Das gilt insbesondere für Vervielfältigungen, Bearbeitungen, Übersetzungen, Mikroverfilmungen und die Einspeicherung und Verarbeitung in elektronischen Systemen.
Die Wiedergabe von allgemein beschreibenden Bezeichnungen, Marken, Unternehmensnamen etc. in diesem Werk bedeutet nicht, dass diese frei durch jedermann benutzt werden dürfen. Die Berechtigung zur Benutzung unterliegt, auch ohne gesonderten Hinweis hierzu, den Regeln des Markenrechts. Die Rechte des jeweiligen Zeicheninhabers sind zu beachten.
Der Verlag, die Autoren und die Herausgeber gehen davon aus, dass die Angaben und Informationen in diesem Werk zum Zeitpunkt der Veröffentlichung vollständig und korrekt sind. Weder der Verlag, noch die Autoren oder die Herausgeber übernehmen, ausdrücklich oder implizit, Gewähr für den Inhalt des Werkes, etwaige Fehler oder Äußerungen. Der Verlag bleibt im Hinblick auf geografische Zuordnungen und Gebietsbezeichnungen in veröffentlichten Karten und Institutionsadressen neutral.

Springer Gabler ist ein Imprint der eingetragenen Gesellschaft Springer Fachmedien Wiesbaden GmbH und ist ein Teil von Springer Nature.
Die Anschrift der Gesellschaft ist: Abraham-Lincoln-Str. 46, 65189 Wiesbaden, Germany

Vorwort

Liebe Leser,

dieser Praxisleitfaden Steuerrecht will allen Interessierten, also allen, die sich auf das komplexe System der Steuern einlassen wollen oder müssen, Unterstützung und Hilfe sein.

Ob Sie sich als Existenzgründer, Studierende, Arbeitnehmer oder Auszubildende mit der spannenden, aber häufig schwer verständlichen Materie beschäftigen: die Kombination von theoretischen Grundlagen und einfachen Beispielen aus der Praxis soll insbesondere Nicht-Experten einen leichten, aber gleichzeitig fachlich fundierten Zugang zu diesem komplexen Themengebiet ermöglichen.

Mithilfe dieses Leitfadens werden Sie in kurzer Zeit das Fachvokabular von Steuerexperten und Finanzbehörden entschlüsseln, verstehen und es im Tagesgeschäft anwenden können.

An dieser Stelle danke ich allen Personen, die mich zu diesem Leitfaden motiviert und mit wertvollen Ideen und Hinweisen bei meiner Autorentätigkeit begleitet haben. Besonderen Dank auch an diejenigen, die die finale Umsetzung dieser Lektüre durchführen.

Ich wünsche Ihnen nun viel Freude und Gewinn auf der spannenden, aber auch herausfordernden Reise durch das Steuerrecht in Begleitung des Existenzgründers und Autohausinhabers Carlo Sommerweizen, der sich Ihnen im ersten Kapitel näher vorstellen wird.

Mülheim-Kärlich, im Juni 2019   Karin Nickenig

Inhaltsverzeichnis

1 **Carlo Sommerweizen e. K. – ein Beispielunternehmen stellt sich vor** 1

2 **Einführung in die Grundlagen des Steuerrechts** 5
   2.1 Steuern und steuerliche Nebenleistungen 5
      2.1.1 Steuern 6
      2.1.2 Steuerliche Nebenleistungen 7
   2.2 Wichtige Definitionen 8
   2.3 Einteilung von Steuern 10
   2.4 Einzelsteuergesetze, Durchführungsverordnungen, Urteile und Richtlinien 12
   2.5 Zusammenfassende Lernkontrolle 12
      2.5.1 Kontrollfragen 12
      2.5.2 Lösungen zu den Kontrollfragen 13
   2.6 Übungen 13
      2.6.1 Übungsaufgaben 13
      2.6.2 Lösungen zu den Übungsaufgaben 14
   Literatur 14

3 **Einkommensteuer** 15
   3.1 Wesensmerkmale 16
   3.2 Wichtige Definitionen 16
   3.3 Persönliche Steuerpflicht 17
      3.3.1 Unbeschränkte Steuerpflicht 18
      3.3.2 Beschränkte Steuerpflicht 20

3.4	Veranlagungsarten		21
	3.4.1	Einzelveranlagung	21
	3.4.2	Ehegattenveranlagung	22
3.5	Einkommensteuer-Tarife		24
	3.5.1	Grundtarif	24
	3.5.2	Splittingtarif	25
3.6	Berechnungsschema Einkommensteuer		26
	3.6.1	Gewinneinkunftsarten	28
	3.6.2	Überschusseinkunftsarten	35
3.7	Bemessungsgrundlage der Einkommensteuer		42
3.8	Berechnung der Einkommensteuer-Schuld		43
3.9	Zusammenfassende Lernkontrolle		44
	3.9.1	Kontrollfragen	44
	3.9.2	Lösungen zu den Kontrollfragen	44
3.10	Übungen		45
	3.10.1	Übungsaufgaben	45
	3.10.2	Lösungen zu den Übungsaufgaben	46
Literatur			47
4	**Körperschaftsteuer**		**49**
4.1	Wesensmerkmale		50
4.2	Einkunftsart		51
4.3	Beginn und Ende der Körperschaftsteuer-Pflicht		51
	4.3.1	Beginn der Körperschaftsteuer-Pflicht	51
	4.3.2	Ende der Körperschaftsteuer-Pflicht	51
4.4	Wichtige Definitionen		52
4.5	Steuerpflicht		52
	4.5.1	Unbeschränkte Steuerpflicht	53
	4.5.2	Beschränkte Steuerpflicht	54
4.6	Körperschaftsteuer-Tarif		55
4.7	Steuerfreie Umsätze		55
	4.7.1	Unbeschränkte Steuerfreiheit	55
	4.7.2	Eingeschränkte Steuerfreiheit	56
4.8	Berechnungsschema Körperschaftsteuer		57
4.9	Zusammenfassende Lernkontrolle		59
	4.9.1	Kontrollfragen	59
	4.9.2	Lösungen zu den Kontrollfragen	60

4.10	Übungen		60
	4.10.1	Übungsaufgaben	60
	4.10.2	Lösungen zu den Übungsaufgaben	61
Literatur			62

5 Umsatzsteuer ... 63
- 5.1 Wesensmerkmale ... 64
- 5.2 Wichtige Definitionen ... 65
- 5.3 Kurzdarstellung des inländischen Umsatzsteuer-Systems ... 67
- 5.4 Steuerbarkeit und Steuerfreiheit von Umsätzen ... 68
  - 5.4.1 Steuerbarkeit ... 69
  - 5.4.2 Steuerfreiheit ... 72
- 5.5 Vorsteuerabzug und ordnungsgemäße Rechnungsstellung ... 73
  - 5.5.1 Gesetzliche Vorgaben ... 74
  - 5.5.2 Chancen und Risiken bei elektronischen Rechnungen ... 75
- 5.6 Umsatzsteuer-Voranmeldung ... 76
  - 5.6.1 Steuerentstehung ... 76
  - 5.6.2 Steuerfälligkeit/Voranmeldezeitraum ... 77
  - 5.6.3 Ermittlung der Vorauszahlung/Erstattung ... 78
  - 5.6.4 Steuerliche Nebenleistungen ... 79
- 5.7 Umsatzsteuerliche Besonderheiten ... 81
  - 5.7.1 Kleinunternehmer ... 81
  - 5.7.2 Anzahlungen ... 82
  - 5.7.3 Abschlagszahlungen ... 83
  - 5.7.4 Preisnachlässe (Rabatte, Skonti, Boni) ... 85
  - 5.7.5 Verzicht auf Steuerbefreiung (Option) ... 88
  - 5.7.6 Vorsteuerkorrektur ... 90
- 5.8 Zusammenfassende Lernkontrolle ... 92
  - 5.8.1 Kontrollfragen ... 92
  - 5.8.2 Lösungen zu den Kontrollfragen ... 92
- 5.9 Übungen ... 93
  - 5.9.1 Übungsaufgaben ... 93
  - 5.9.2 Lösungen zu den Übungsaufgaben ... 94
- Literatur ... 94

6 Gewerbesteuer ... 95
- 6.1 Wesensmerkmale ... 96
- 6.2 Wichtige Definitionen ... 97

6.3	Einkünfte aus Gewerbebetrieb		97
	6.3.1	Merkmale eines Gewerbebetriebs im Sinne des § 15 (2) EStG	97
	6.3.2	Unterschied Gewerbetreibender/Freiberufler	101
	6.3.3	Beginn und Ende der Gewerbesteuer-Pflicht	103
	6.3.4	Arten gewerblicher Einkünfte	106
6.4	Berechnungsschema Gewerbesteuer		106
6.5	Hinzurechnungen und Kürzungen		107
	6.5.1	Hinzurechnungen	107
	6.5.2	Kürzungen	110
6.6	Zuständigkeiten von Finanzamt und Gemeinden		112
	6.6.1	Finanzamt	112
	6.6.2	Gemeinde	112
6.7	Steuerentstehung und Steuerfälligkeit		113
	6.7.1	Steuerentstehung	113
	6.7.2	Steuerfälligkeit	114
6.8	Anrechnung der Gewerbesteuer auf die Einkommensteuer		115
6.9	Zusammenfassendes Beispiel		116
6.10	Kontrollfragen		117
	6.10.1	Kontrollfragen	117
	6.10.2	Lösungen zu Kontrollfragen	118
6.11	Übungen		118
	6.11.1	Übungsaufgaben	118
	6.11.2	Lösungen zu Übungsaufgaben	119
6.12	Schlussbemerkung		120
Literatur			121
7	**Übungsklausuren**		**123**
7.1	Übungsklausur		123
7.2	Übungsklausur		125

Über die Autorin

Karin Nickenig ist langjährige freiberufliche Dozentin für Rechnungswesen und Steuern. Sie bietet offene Seminare und Inhouse-Schulungen an, ist auch für private Bildungsträger und Hochschulen freiberuflich tätig.

Nach Ausbildung (Steuerfachkraft), Studium (Wirtschaft) und praktischer Tätigkeit im Rechnungswesen und Steuerrecht war sie zunächst nebenberuflich als Lehrbeauftragte tätig. Seit 2008 weitete sie ihre Lehrtätigkeit kontinuierlich aus.

Heute vermittelt sie ihre Kenntnisse in Buchführung, Bilanzierung, Digitalisierung (GoBD) und Steuerrecht bundesweit im Rahmen der Erwachsenenbildung.

Für Karin Nickenig ist es besonders wichtig, Lerninteressenten in kurzer Zeit einen leicht verständlichen Überblick über das komplexe Themengebiet des Steuerrechts zu verschaffen und ihnen fundierte Kenntnisse untermauert mit zahlreichen Beispielen zu vermitteln. Dieser Wunsch motivierte die Autorin auch, den vorliegenden Leitfaden zu veröffentlichen.

Haben Sie Tipps und Anregungen?
Gerne können Sie Ihre Hinweise an die folgende Adressen mitteilen:
office@karin-nickenig.de
Weitere Informationen finden sie auf ihrer Homepage:
www.karin-nickenig.de

Carlo Sommerweizen e. K. – ein Beispielunternehmen stellt sich vor

Zusammenfassung

Carlo Sommerweizen, 43 jähriger gebürtiger Rheinländer, gehört zu den betriebsbedingt gekündigten Bürokaufleuten, welcher nun nach erfolgter Kündigung seinen langjährigen Traum der Selbständigkeit als Automobilhändler mit angeschlossener Werkstatt verwirklichen möchte. Da er von den notwendigen steuerlichen Angelegenheiten eines Unternehmers nur wenig Kenntnis besitzt, arbeitet er diese im Vorfeld seiner Tätigkeit auf, um zum Beispiel in der Lage zu sein, im Tagesgeschäft eine umsatzsteuerlich ordnungsgemäße Rechnung auszustellen oder eine einfache Umsatzsteuer-Voranmeldung fristgerecht dem Finanzamt zu übermitteln. Des Weiteren hält Sommerweizen es für unbedingt erforderlich, steuerliche Fachbegriffe verstehen und anwenden zu können, um den Ausführungen seines steuerlichen Beraters oder des Finanzamtes zu folgen.

Carlo Sommerweizen, 43 Jahre, gebürtiger Rheinländer, ist seit einigen Jahren mit Carlotta verheiratet. Beide leben in einem Einfamilienhaus in Neustadt, Deutschland. Sie verfügen beide über Einkünfte, die im Rahmen der *Einkommensteuer* näher betrachtet werden.

Carlo gehört als gekündigter Sachbearbeiter der Firma Schlott AG (Spedition) zur Gruppe der sehr motivierten Existenzgründer. Nachdem die AG mehrere Jahre lang erhebliche Verluste zu verzeichnen hatte, mussten nun zum 31.12.01 mehrere Mitarbeiter betriebsbedingt gekündigt werden. Unter ihnen: Carlo Sommerweizen.

© Springer Fachmedien Wiesbaden GmbH, ein Teil von Springer Nature 2019
K. Nickenig, *Praxislehrbuch Steuerrecht*,
https://doi.org/10.1007/978-3-658-26832-9_1

Dieser sieht nach der Kündigung eine Chance darin, sein Hobby (schnelle und schöne Autos) mit der zukünftigen selbständigen Tätigkeit als Automobilhändler mit angeschlossener Werkstatt sinnvoll zu verbinden. Sein Handelsgewerbe lässt Sommerweizen ins Handelsregister des Amtsgerichtes Neustadt eintragen (Firma: „Carlo Sommerweizen e. K."). Er ist sich dessen bewusst, dass er bei dieser Rechtsform einer unbeschränkten Haftung mit Betriebs- und Privatvermögen unterliegt. Durch die Eintragung ins Handelsregister erwirbt der motivierte Existenzgründer die Kaufmannseigenschaft (Einzelkaufmann) im Sinne des HGB zuzüglich entsprechender Buchführungspflicht, von der er sich nicht befreien lässt.

(Hinweis der Autorin: Auf Fragen zur Buchführung wird in diesem Leitfaden nicht eingegangen, da dies den vorgesehenen Rahmen sprengen würde.)

Sommerweizen nimmt sich den Rat seines langjährigen Steuerberaters Reiner Glaube zu Herzen und studiert vor seinem Unternehmensstart am 01.02.02 die Grundzüge der 4 wesentlichen Steuerarten, mit denen ein Existenzgründer konfrontiert werden kann.

Denn er weiß aus Erfahrung bei der Schlott AG:

▶ Ein Unternehmer ohne steuerliche Grundkenntnisse ist wie ein Auto ohne Bremse.

Hierzu recherchiert er im Internet, befragt Freunde und andere Unternehmer sowie seinen Steuerberater Glaube, welcher ihm stets mit guten Ratschlägen zur Seite steht.

Sommerweizen sieht sich nach diversen Gesprächen neuen Herausforderungen ausgesetzt, denn er hat die Absicht, von vornherein alles richtig zu machen.

Ein Unternehmer sollte unter anderem wissen – so sein guter Freund Rolf Bruchkiste, ebenfalls Unternehmer (Straßenbau) – wie beispielsweise eine einfache Umsatzsteuer-Voranmeldung erstellt und an das Finanzamt übermittelt werden soll. Auch die steuerlichen Fristen sollten einem Selbständigen stets präsent sein.

Sommerweizen stellt sich nun die Frage: Wie kann ich mir dieses fehlende Wissen schnellstmöglich und vor allem ohne großes Fachchinesisch aneignen?

Schließlich beabsichtigt er ja nicht, noch eine Ausbildung zum Bilanzbuchhalter zu absolvieren. Er möchte in möglichst *kurzer* Zeit, in *einfacher* Art und Weise *wesentliche* Fachbegriffe verstehen, steuerliche Zusammenhänge erkennen und eventuelle Risiken einordnen können.

Bruchkiste kann seinen Freund Carlo beruhigen und leiht ihm einen Praxisleitfaden zum Thema „Praxislehrbuch Steuerrecht". Noch am gleichen Abend beginnt Sommerweizen seine Schmöker-Reise durch die spannende Welt des Steuerrechts.

Sein Ziel ist es, als Autohändler *mit Durchblick* – und das nicht nur bei seinem Kerngeschäft – anerkannt zu werden.
Auf seiner Reise durch das Steuerrecht begleiten ihn – Carlo Sommerweizen, Inh. Carlo Sommerweizen e. K. (Autohandel und Werkstatt) – zahlreiche Freunde, Verwandte, Bekannte und Unternehmer, die im Folgenden (auszugsweise) vorgestellt werden.

1. Carlotta Sommerweizen (Carlos Gattin, Rechtsanwaltsfachangestellte)
2. Rolf Bruchkiste (Carlos Freund, Einzelunternehmer (Straßenbau) und ausgebildeter Steuerfachangestellter in Neustadt, Deutschland)
3. Uwe Meister (Carlos Freund, Motorrad-Einzelhändler in Neustadt, Deutschland)
4. Reiner Glaube (Carlos Steuerberater in Frankfurt am Main, Deutschland)
5. Florian Gütlich (Carlos Lieferant von Zubehörteilen mit Einzelunternehmen in Neustadt, Deutschland)
6. Sauerbier GmbH (Lieferant von Windschutzscheiben mit Geschäftsleitung in Bern, Schweiz)
7. Fußballverein Kloppi e. V. (Neustadt, Deutschland)
8. Hans Pfeifer (Buchhalter des Vereins Kloppi e. V.)
9. Hans Milber (Buchhalter im Autohaus Sommerweizen in Neustadt, Deutschland)

Folgen wir Carlo nun ebenfalls auf diesem spannenden Weg und beginnen bei der Einführung in die Grundlagen des Steuerrechts.
    Viel Spaß!

Einführung in die Grundlagen des Steuerrechts

2

> **Zusammenfassung**
>
> Jungunternehmer Carlo Sommerweizen verschafft sich vor Beginn seiner unternehmerischen Tätigkeit einen Überblick über die bevorstehenden steuerlichen Herausforderungen. Neben wichtiger Definitionen interessiert sich der motivierte Unternehmer für die Einteilung von Steuern nach unterschiedlichen Aspekten und informiert sich ausführlich über mögliche Konsequenzen bei Nichtbeachtung von relevanten steuerlichen Vorschriften.

Jungunternehmer Sommerweizen ist hochmotiviert. Gerne möchte er mehr über die spannende Welt des Steuerrechts erfahren. Nachdem er sich nun endgültig für die Selbständigkeit als Autohändler entschieden hat, möchte er nun auch ‚mitreden' können und das Fachvokabular von Finanzbehörden und Steuerberatern verstehen lernen.

2.1 Steuern und steuerliche Nebenleistungen

Zunächst überlegt er, wie ein einfacher und sinnvoller Einstieg in das komplexe Thema aussehen könnte. Er fragt seinen besten Freund Uwe Meister. Dieser ist schon seit vielen Jahren erfolgreicher Einzelunternehmer (Motorradhandel) und berichtet ihm, dass er am besten erst einmal mit der Definition des Begriffes Steuern starten solle.

2.1.1 Steuern

Sommerweizen erkundigt sich im Internet und findet die Definition in der sogenannten Abgabenordnung (AO). Bei der Abgabenordnung handelt es sich um eine Art Grundgesetz der Steuergesetze, wie ihm Freund Uwe erläutert.

§ 3 AO – Steuern, steuerliche Nebenleistungen
1. Steuern sind Geldleistungen, die nicht eine Gegenleistung für eine besondere Leistung darstellen und von einem öffentlich-rechtlichen Gemeinwesen zur Erzielung von Einnahmen allen auferlegt werden, bei denen der Tatbestand zutrifft, an den das Gesetz die Leistungspflicht knüpft; die Erzielung von Einnahmen kann Nebenzweck sein. […] [1]

Sommerweizen fasst für sich die wichtigsten Punkte der soeben gelesenen Vorschrift der Reihe nach in einer Übersicht zusammen:

Geldleistungen
Steuern werden nicht mit Gütern oder Dienstleistungen bezahlt, sondern mit monetären Größen.
   keine Gegenleistung für eine besondere Leistung
   Steuern werden *nicht* für eine unmittelbare Gegenleistung entrichtet. Die Leistung erhält der Steuerzahler in *indirekter* Form (zum Beispiel Bildung, Sicherheit, Infrastruktur).
   öffentlich-rechtliches Gemeinwesen
   Nur Bund, Länder und Gemeinden (Gebietskörperschaften und Religionsgemeinschaften) sind berechtigt, *Steuern* zu erheben.
   Erzielung von Einnahmen
   Steuern dienen dazu, den öffentlichen Bedarf an Finanzen zu decken. Eine Zweckbindung ist hierbei nicht gegeben. Allerdings kann die Erzielung von Einnahmen Nebenzweck sein, besonders in den Fällen, wo die Steuer als erzieherische Maßnahme eingesetzt wird, um zum Beispiel das Konsumverhalten des Steuerpflichtigen zu regulieren. So soll beispielsweise die Erhöhung der Tabaksteuer zur Senkung des Konsums von Zigaretten beim Verbraucher führen.
   Tatbestandsmäßigkeit
   Steuern werden in den Fällen erhoben, wo gesetzlich geregelte Tatbestände realisiert werden.

Sommerweizen kommt zu dem Ergebnis, dass Steuern also keine freiwillige Angelegenheit darstellen, sondern Zwangsabgaben sind. Sie werden aufgrund des Gesetzes von jedem Steuerpflichtigen im Inland erhoben, wenn die entsprechenden Voraussetzungen erfüllt sind.

Beispiel 2.1.1 – Steuern
Sommerweizen denkt an seine jährliche Einkommensteuer, die er und seine Gattin regelmäßig zahlen müssen. Er geht die Merkmale des § 3 AO durch und erkennt, dass diese insgesamt erfüllt werden.

Sie zahlen ihre Einkommensteuer in Form von Geld, welches er per Bank an die Finanzkasse überweist (*Geldleistung*). Die Sommerweizens bekommen keine direkte Gegenleistung für ihre Zahlung, sondern dürfen zum Beispiel kostenfrei die Autobahn nutzen (*Leistung ohne direkte Gegenleistung*). Das Finanzamt fordert sie regelmäßig zur Abgabe der Steuererklärung auf und erwartet aufgrund der erlassenen Steuerbescheide die Zahlung der fälligen Steuern (*vom öffentlich rechtlichen Gemeinwesen erhoben*). Sommerweizen ist sicher: ihre Einkommensteuerzahlungen werden zur Finanzierung öffentlicher Aufgaben eingesetzt (*Erzielung von Einnahmen*). Und: Sommerweizen und Ehegattin Carlotta erfüllen die Voraussetzungen für die Besteuerung, da beide im Rahmen ihrer Einkünfte-Erzielung Vermögensmehrung betreiben (*Tatbestandsmäßigkeit*).

2.1.2 Steuerliche Nebenleistungen

Sommerweizen liest weiter in der Abgabenordnung und kommt nun auch zu den *steuerlichen Nebenleistungen:*

§ 3 AO – Steuern
[…] (4) *Steuerliche Nebenleistungen* sind […] Verspätungszuschläge nach § 152, […] Säumniszuschläge nach § 240, Zwangsgelder nach § 329. […] [1]

Bei seiner Internetrecherche findet er heraus, dass diese Art der Nebenleistungen dann dem Steuerpflichtigen auferlegt wird, wenn dieser sich nicht an seine gesetzlichen Mitwirkungspflichten hält.

§ 90 AO – Mitwirkungspflichten der Beteiligten
1. Die Beteiligten sind zur *Mitwirkung* bei der Ermittlung des Sachverhalts verpflichtet. Sie kommen der Mitwirkungspflicht insbesondere dadurch nach, dass sie die für die Besteuerung erheblichen Tatsachen vollständig und wahrheitsgemäß offenlegen und die ihnen bekannten Beweismittel angeben. Der Umfang dieser Pflichten richtet sich nach den Umständen des Einzelfalls. […] [2]

Sommerweizen erinnert sich, dass er auch schon mal mit einer steuerlichen Nebenleistung konfrontiert wurde.

Beispiel 2.1.2 – Steuerliche Nebenleistungen

Carlo Sommerweizen wurde in der Vergangenheit schon mehrfach vom Finanzamt aufgefordert, eine Einkommensteuer-Erklärung Jahr 01 bis zum 31.05.02 einzureichen beziehungsweise diese elektronisch an die Finanzbehörde zu übermitteln.

Sommerweizen, stets im Arbeitsstress, vergaß die Abgabe und erhielt nach einigen Tagen Post vom Finanzamt: eine Zwangsgeldandrohung mit dem Hinweis, dass, wenn die Steuererklärung nun nicht bis zum 30.06.02 eingereicht würde, ein Zwangsgeld festgesetzt werden müsse. Hiervon natürlich beeindruckt, erteilt Sommerweizen seinem Steuerberater Glaube sofort den Auftrag, die Steuererklärung umgehend zu erstellen, damit er diese der Finanzbehörde einreichen könne.

Die Einreichung der Unterlagen erfolgte noch rechtzeitig und verhinderte somit die *Zwangsgeld-Festsetzung*, die Sommerweizen nicht von der Abgabe der Steuererklärung befreit hätte.

Einige weitere steuerliche Nebenleistungen werden definiert in Abschn. 2.2 *Wichtige Definitionen*

2.2 Wichtige Definitionen

Beiträge Straßenanliegerbeiträge oder Beiträge zur Sozialversicherung gehören zu den Zahlungen (*Beiträgen*), welche *nicht* für die tatsächliche Inanspruchnahme einer Gegenleistung gezahlt werden, sondern für Leistungen, die in Anspruch genommen werden können.

2.2 Wichtige Definitionen

Bescheid auch: Steuerbescheid

Es handelt sich zum Beispiel um die *schriftliche Mitteilung* einer (hier: Finanz-) Behörde an den *Steuerpflichtigen, welche Steuern,* in *welcher Höhe* angefallen und zu *welchem Zeitpunkt* diese zu entrichten sind. Auch ein möglicher Erstattungsbetrag wird in diesem sogenannten „Verwaltungsakt" (§ 118 AO) dem Steuerpflichtigen bekannt gegeben.

ELSTER *Elektronische Steuererklärung*: es erfolgt die Übermittlung von steuerlichen Daten per Datenfernübertragung (Internet). Diese Art der Übertragung ist zum Beispiel Pflicht bei der Umsatzsteuer-Voranmeldung.

Gebühren Kfz-Zulassungsgebühren oder Abfallentsorgungsgebühren sind Zahlungen für die *tatsächliche Inanspruchnahme* einer Gegenleistung.

Säumniszuschlag = Zuschlag für verspätete Zahlung

§ 240 AO – Säumniszuschlag
1. Wird eine Steuer *nicht bis zum Ablauf des Fälligkeitstages* entrichtet, so *ist* für jeden angefangenen Monat der Säumnis ein *Säumniszuschlag* von *1* Prozent des abgerundeten *rückständigen Steuerbetrags* zu entrichten; abzurunden ist auf den nächsten durch 50 Euro teilbaren Betrag. [...] [5]

Verspätungszuschlag = Zuschlag für die *verspätete (nicht fristgemäße) Abgabe* der Steuererklärung

Allen Steuerpflichtigen, welche *nicht* oder *nicht fristgerecht* ihre Steuererklärung beim Finanzamt einreichen oder elektronisch übermitteln, können einen *Verspätungszuschlag* auferlegt bekommen. Es handelt sich hierbei um eine Ermessensentscheidung.

§ 152 AO – Verspätungszuschlag
1. Gegen denjenigen, der seiner Verpflichtung zur Abgabe einer Steuererklärung nicht oder nicht fristgemäß nachkommt, kann ein Verspätungszuschlag festgesetzt werden. Von der Festsetzung eines Verspätungszuschlags ist abzusehen, wenn der Erklärungspflichtige glaubhaft macht, dass die Verspätung entschuldbar ist; das Verschulden eines Vertreters oder eines Erfüllungsgehilfen ist dem Erklärungspflichtigen zuzurechnen. [...]

5. Der Verspätungszuschlag beträgt vorbehaltlich des Satzes 2, der Absätze 8 und 13 Satz 2 für jeden angefangenen Monat der eingetretenen Verspätung 0,25 Prozent der festgesetzten Steuer, mindestens jedoch 10 Euro für jeden angefangenen Monat der eingetretenen Verspätung. Für Steuererklärungen, die sich auf ein Kalenderjahr oder auf einen gesetzlich bestimmten Zeitpunkt beziehen, beträgt der Verspätungszuschlag für jeden angefangenen Monat der eingetretenen Verspätung 0,25 Prozent der um die festgesetzten Vorauszahlungen und die anzurechnenden Steuerabzugsbeträge verminderten festgesetzten Steuer, mindestens jedoch [...] 25 Euro für jeden angefangenen Monat der eingetretenen Verspätung. [4]

Die Höhe des Verspätungszuschlages ist auf maximal 25.000,00 € begrenzt.

Verwaltungsakt Steuerbescheide, wie zum Beispiel der Einkommen- oder Umsatzsteuer-Bescheid, gehören zu den sogenannten *Verwaltungsakten*.

§ 118 AO – Begriff des Verwaltungsaktes
Verwaltungsakt ist jede *Verfügung*, *Entscheidung* oder andere *hoheitliche Maßnahme*, die eine *Behörde* zur *Regelung eines Einzelfalls* auf dem Gebiet des öffentlichen Rechts trifft und die auf *unmittelbare Rechtswirkung* nach außen gerichtet ist. [...] [3]

Zwangsgeld *Zwangsgelder* werden beispielsweise festgesetzt, wenn der Steuerpflichtige es *wiederholt* versäumt, die Steuererklärungen fristgerecht beim Finanzamt einzureichen. Hierbei wird zunächst durch die Behörde ein *Zwangsgeld* angedroht und bei wiederholter Nichtbeachtung final festgesetzt.

§ 329 AO – Zwangsgeld
Das einzelne *Zwangsgeld* darf 25.000 Euro nicht übersteigen.

2.3 Einteilung von Steuern

Sommerweizen liest in seinem Lehrbuch Steuern, welches er sich vor kurzem nun in einer Buchhandlung gekauft hat, dass Steuern grundsätzlich nach unterschiedlichen Kriterien eingeteilt werden können.

Die wichtigsten Einteilungskriterien stellt sich Carlo schriftlich zusammen:

2.3 Einteilung von Steuern

Besitz- und Verkehrssteuern
Besitzsteuern sind Steuern, welche an das Vermögen oder das Einkommen des Steuerpflichtigen anknüpfen. Hierzu zählen beispielsweise die Grund-, Einkommen- und Hundesteuer.

Unter die *Verkehrssteuern* fallen diejenigen Abgaben, die die Eigentumsübertragung zum Beispiel von Gütern versteuern, wie die Umsatz- und Grunderwerbsteuer.

Verbrauch- und Aufwandsteuern
Die *Verbrauchsteuern* sind an den Konsum von Gütern geknüpft. Hierzu zählen beispielsweise die Tabak- oder Versicherungssteuer.

Zu den *Aufwandssteuern* zählen die Abgaben, welche im Hinblick auf die Einkommensverwendung erhoben werden: zum Beispiel Kfz-Steuer und Hundesteuer.

Real- und Personensteuer
Realsteuern sind grundsätzlich Objektsteuern:zum Beispiel Grund- und Gewerbesteuer. Die *Personensteuer* ist nicht an das Objekt, jedoch an die Leistungsfähigkeit von natürlichen oder juristischen Person gebunden. Hierzu zählen zum Beispiel die Einkommen- oder Körperschaftsteuer.

Direkte und Indirekte Steuern
Steuern kann man grundsätzlich auch nach *Überwälzbarkeit* unterscheiden. Besteht die Möglichkeit, eine Steuer betragsmäßig auf einen Kunden zu überwälzen, welcher diese dann auch wirtschaftlich trägt, spricht man von einer *indirekten Steuer*. Beispiel hierfür ist die Umsatzsteuer, die vom Unternehmer dem Finanzamt geschuldet, aber vom zahlenden Kunden (= Endverbraucher, nicht vorsteuerabzugsberechtigt) wirtschaftlich getragen wird.

▶ Bei der *indirekten* Steuer sind Steuerschuldner und Steuerträger *unterschiedliche* Personen.

Direkte Steuern sind dadurch geprägt, dass der Steuerschuldner zugleich auch der Steuerträger ist, also diejenige Person, welche vom Steuerbetrag auch wirtschaftlich belastet wird. Als Beispiel können hier die Einkommen- oder Körperschaftsteuer angeführt werden.

▶ Bei der *direkten* Steuer sind Steuerschuldner und Steuerträger *eine* Person.

Sommerweizen möchte sich nun – bevor er sich mit den einzelnen Steuerarten ausführlich auseinandersetzt – allgemeine Informationen zu relevanten Rechtsgrundlagen sammeln.

2.4 Einzelsteuergesetze, Durchführungsverordnungen, Urteile und Richtlinien

Unser Existenzgründer weiß, dass niemand gerne und dann auch noch freiwillig Steuern zahlt. Denn Steuern sind *Zwangsabgaben*, welche durch verschiedene Vorschriften geregelt sind. Die wichtigsten lässt sich Sommerweizen von seinem Freund Uwe Meister erklären, der sich vor einiger Zeit ebenfalls sehr ausführlich mit der steuerlichen Materie beschäftigt hat. Er erläutert ihm kurz die möglichen Rechtsgrundlagen:

Einzelsteuergesetze
Hierunter sind Gesetze zu verstehen, durch die der Staat seine Ansprüche begründet. Als Beispiele können die Einkommen- oder Umsatzsteuer genannt werden. Die Bindungswirkung der Gesetze gilt weitestgehend für alle Beteiligten. Auf Ausnahmen und weitere Details geht Uwe Meister nicht ein.

Durchführungsverordnungen
Verordnungen werden von der Bundesregierung aufgrund einer im Gesetz vorhandenen Ermächtigung erlassen. Sie dienen der Ergänzung von Einzelsteuergesetzen. Die Bindungswirkung gilt für alle. Auf Ausnahmen und weitere Details legt Carlo an dieser Stelle keinen Wert.

Urteile
In der Regel haben zum Beispiel Finanzgerichtsurteile lediglich Rechtswirkung für die direkt beteiligten Bürger oder die zuständigen Finanzämter.

Richtlinien
Nur Verwaltungen (zum Beispiel die Finanzbehörden) sind an Vorgaben aufgrund von Richtlinien gebunden. Es soll eine möglichst einheitliche Anwendung der gesetzlichen Vorgaben erfolgen.

Nun fühlt sich Sommerweizen gut gewappnet, um in die spannende Steuermaterie tiefer einzusteigen.

2.5 Zusammenfassende Lernkontrolle

2.5.1 Kontrollfragen

1. In welchem Gesetz und in welchem Paragraphen befindet sich die Definition des Begriffes *Steuern*?
2. Nennen Sie mindestens 2 Merkmale, durch die die Steuer nach § 3 AO gekennzeichnet ist.

3. Nennen Sie 2 *steuerliche Nebenleistungen*.
4. Wo ist der *Verwaltungsakt* im Gesetz geregelt?
5. Was ist eine indirekte Steuer?
6. Nennen Sie eine direkte Steuer.
7. Nennen Sie eine Personensteuer.
8. Nennen Sie eine Verkehrssteuer außer der Umsatzsteuer.

2.5.2 Lösungen zu den Kontrollfragen

1. § 3 AO
2. zum Beispiel: Geldleistung, keine direkte Gegenleistung
3. zum Beispiel: Zwangsgeld, Säumniszuschlag
4. § 118 AO
5. Eine indirekte Steuer ist dadurch geprägt, dass Steuerschuldner und Steuerträger unterschiedliche Personen sind.
6. Einkommensteuer
7. Körperschaftsteuer
8. Grunderwerbsteuer

2.6 Übungen

2.6.1 Übungsaufgaben

1. Bitte klären Sie, ob im Folgenden ein Säumnis- oder Verspätungszuschlag oder eventuell beides anfallen könnte:
   a. Sommerweizen meldet seine Umsatzsteuer für den Monat April zu spät an
   b. Sommerweizen meldet seine Umsatzsteuer für den Monat April rechtzeitig an und zahlt verspätet. Er gibt keine Begründung für die verspätete Zahlung an.
   c. wie b.; Sommerweizen gibt einen triftigen Grund für die verspätete Zahlung an.
2. Ordnen Sie bitte die nachfolgenden Steuern ein in
   a. Verbrauchssteuer
   b. Personensteuer
   c. Keine Steuer
   d. Steuerliche Nebenleistung

Tabaksteuer, Branntweinsteuer, Zinsen auf hinterzogene Steuern, Einkommensteuer, Kfz-Zulassungsgebühr

2.6.2 Lösungen zu den Übungsaufgaben

1. Bitte klären Sie, ob im Folgenden ein Säumnis- oder Verspätungszuschlag oder eventuell beides anfallen könnte:
   a. Verspätungs- und Säumniszuschlag
   b. Säumniszuschlag (Mussvorschrift)
   c. Säumniszuschlag (Mussvorschrift)
2. Tabaksteuer = a, Branntweinsteuer = a, Zinsen auf hinterzogene Steuern = d, Einkommensteuer = b, Kfz-Zulassungsgebühr = c.

Literatur

1 http://www.gesetze-im-internet.de/ao_1977/__3.html. Zugegriffen am 12.04.2015
2 http://www.gesetze-im-internet.de/ao_1977/__90.html. Zugegriffen am 12.04.2015
3 http://www.gesetze-im-internet.de/ao_1977/__118.html. Zugegriffen am 12.04.2015
4 http://www.gesetze-im-internet.de/ao_1977/__152.html. Zugegriffen am 16.07.2018
5 http://www.gesetze-im-internet.de/ao_1977/__240.html. Zugegriffen am 12.04.2015
6 http://www.gesetze-im-internet.de/ao_1977/__329.html. Zugegriffen am 04.06.2015

Einkommensteuer 3

> **Zusammenfassung**
>
> Carlo Sommerweizen informiert sich über die Einkommensteuer, da er weiß, dass er einmal im Jahr mit dieser Herausforderung konfrontiert wird. Er recherchiert unter anderem im Internet und im Gesetz nach allgemeinen Merkmalen und Definitionen der aufkommensstarken Steuer. Sommerweizen spricht mit Bekannten, Freunden und dem Steuerberater über Fragen zu Veranlagungsarten, Tarifen, Gewinn- und Überschusseinkunftsarten. Am Ende weiß Sommerweizen, wie er überschlägig (ohne Besonderheiten) das zu versteuernde Einkommen als Bemessungsgrundlage für Zwecke der Einkommensbesteuerung nach einem einfachen Berechnungsschema ermitteln kann.

Im Rahmen dieses Kapitels erfährt Sommerweizen, wie die Einkommensteuer als eine der wichtigsten Einnahmequellen des Staates anteilsmäßig einzuordnen ist und wie die Berechnung der Bemessungsgrundlage in Grundzügen funktioniert. Zumindest erhofft sich der Jungunternehmer für das nächste Gespräch mit dem Steuerberater, diesem fachlich besser folgen zu können.

Sommerweizen informiert sich über die wesentlichen Definitionen zum Thema Einkommensteuer und schaut sich neben einer Übersicht der möglichen Einkunftsarten noch ein allgemeines – stark vereinfachtes – Berechnungsschema ein.

Er weiß, dass er sich aufgrund der Komplexität dieses Themas nur einen oberflächlichen Überblick verschaffen kann. Deshalb: ein Anspruch auf Vollständigkeit erhebt Carlo nicht.

3.1 Wesensmerkmale

Die Einkommensteuer ist geprägt durch folgende Merkmale:

- Besitzsteuer
- Personensteuer
- Gemeinschaftssteuer
- direkte Steuer
- Ertragsteuer
- Steuerart mit hohem Aufkommen

Die Einkommensteuer gehört zur Gruppe der *Besitzsteuern,* deren Gegenstand das Vermögen oder das Einkommen des Steuerpflichtigen darstellt.

Sie gehört als *Personensteuer* zu der Steuerart, welche nicht als Betriebsausgabe abzugsfähig ist und sich auf das Vermögen (hier: der natürlichen Person) bezieht.

Wie die Umsatzsteuer zählt die Einkommensteuer zu den *Gemeinschaftssteuern.* Diese stehen nach Art. 106 (3) S. 1 GG grundsätzlich Bund und Ländern je zur Hälfte zu.

Sie gehört zur Gruppe der *direkten Steuern.* Das bedeutet, dass *Steuerschuldner* (Person, die dem Finanzamt die Steuerzahlung schuldet) und *Steuerträger* (Person, welche die Einkommensteuer wirtschaftlich tragen muss) die gleiche Person ist.

Die Einkommensteuer gehört – ebenso wie die Körperschaftsteuer – zur Gruppe der *Ertragsteuern.* Diese orientieren sich am erzielten wirtschaftlichen Ergebnis. Das heißt, dass hier zum Beispiel der unternehmerische Gewinn die Basis (Bemessungsgrundlage) für die Besteuerung darstellt.

Die Einkommensteuer zählt zu den Steuerarten, die der Bundesrepublik Deutschland in 2018 recht *hohe Einnahmen* bescherte. Mit ca. 298,7 Mrd. € (inkl. Lohnsteuer, Abgeltungssteuer und nicht veranlagte Steuern vom Ertrag) hat sie einen Anteil von mehr als 38,6 % am gesamten Steueraufkommen ohne reine Gemeindesteuern (713 Mrd. €) in Deutschland [1].

Zu den rechtlichen Grundlagen zählen unter anderem das Einkommensteuergesetz (EStG), die Einkommensteuer-Richtlinien (EStR) und die Einkommensteuer-Durchführungsverordnung (EStDV).

3.2 Wichtige Definitionen

Sommerweizen ist sehr daran gelegen, steuerliche Begriffe korrekt interpretieren und auch im Gespräch/Schriftverkehr mit den Finanzbehörden und dem steuerlichen Berater richtig einsetzen zu können. Daher werden im

Folgenden einige wesentliche Fachbegriffe aus dem Bereich der Einkommensteuer mit einfachen Worten definiert. Ein Anspruch auf Vollständigkeit der im nachfolgenden alphabetisch geordneten Begriffe wird an dieser Stelle nicht erhoben.

▶ **Einnahmen** Einnahmen sind alle Güter, die in Geld oder Geldeswert bestehen und dem Steuerpflichtigen im Rahmen einer der Einkunftsarten des § 2 Absatz 1 Satz 1 Nr. 4 bis 7 zufließen [...] [4].

Gemeinschaftssteuern
Steuern, welche Bund, Ländern und Gemeinden gemeinschaftlich zustehen. Beispiele: Einkommen- und Umsatzsteuer.

Gewöhnlicher Aufenthalt
Den gewöhnlichen Aufenthalt hat jemand dort, wo er sich unter Umständen aufhält, die erkennen lassen, dass er an diesem Ort oder in diesem Gebiet nicht nur vorübergehend verweilt [...] [3].

Natürliche Person
Zu den natürlichen Personen zählen alle Personen von Geburt bis zum Tod.

Personensteuer
Besitzsteuer, die sich am Vermögen/Einkommen der natürlichen oder juristischen Person orientiert.

Werbungskosten
Werbungskosten sind Aufwendungen zur Erwerbung, Sicherung und Erhaltung der Einnahmen [5].

Wohnsitz
Einen Wohnsitz hat jemand dort, wo er eine Wohnung unter Umständen innehat, die darauf schließen lassen, dass er die Wohnung beibehalten und benutzen wird [2].

3.3 Persönliche Steuerpflicht

Bevor Sommerweizen die Einkommensteuerschuld berechnen kann, muss zunächst anhand des EStG überprüft werden, ob eine *beschränkte* oder *unbeschränkte Steuerpflicht* vorliegt.

Da im weiteren Verlauf dieses Kapitels nur die *unbeschränkte Steuerpflicht* relevant ist, wird die *beschränkte Steuerpflicht* thematisch nur kurz angerissen. Auf die Darstellung der erweiterten beschränkten Steuerpflicht wird insgesamt verzichtet.

3.3.1 Unbeschränkte Steuerpflicht

Carlo nimmt sich zunächst die unbeschränkte Steuerpflicht im § 1 EStG vor:

§ 1 EStG – Steuerpflicht
1. *1Natürliche Personen, die im Inland einen Wohnsitz oder ihren gewöhnlichen Aufenthalt haben, sind unbeschränkt einkommensteuerpflichtig* […] [6].

Die *unbeschränkte Steuerpflicht* ist also an folgende Merkmale geknüpft:

1. Natürliche Person
2. Inland
3. Wohnsitz oder gewöhnlichen Aufenthalt

Sommerweizen recherchiert die Bedeutung der vorgenannten Merkmale und kommt zu folgendem Ergebnis:

Natürliche Person
Zur Gruppe der *natürlichen Personen* gehören alle Menschen von Geburt bis zum Tod.

Sie sind von den so genannten *juristischen Personen* zu unterscheiden, welche *eigene Rechtspersönlichkeit* besitzen und eigenständig Träger von Rechten und Pflichten sind. Beispiele hierfür sind: Aktiengesellschaft (AG) und Gesellschaft mit beschränkter Haftung (GmbH) als sogenannte *juristische Personen des privaten Rechts* und die Gemeinden oder öffentliche Sparkassen als *juristische Personen des öffentlichen Rechts*.

Inland
Der Inlandsbegriff ist geregelt im § 1 (1) S. 2 EStG. Grundsätzlich gehört das Gebiet der Bundesrepublik Deutschland zum Inland, aber auch:

§ 1 EStG – Steuerpflicht
1. […] der der Bundesrepublik Deutschland zustehende Anteil
    1. an der ausschließlichen Wirtschaftszone, soweit dort
        a. die lebenden und nicht lebenden natürlichen Ressourcen der Gewässer über dem Meeresboden, des Meeresbodens und seines Untergrunds erforscht, ausgebeutet, erhalten oder bewirtschaftet werden,

3.3 Persönliche Steuerpflicht

b. andere Tätigkeiten zur wirtschaftlichen Erforschung oder Ausbeutung der ausschließlichen Wirtschaftszone ausgeübt werden, wie beispielsweise die Energieerzeugung aus Wasser, Strömung und Wind oder

c. künstliche Inseln errichtet oder genutzt werden und Anlagen und Bauwerke für die in den Buchstaben a und b genannten Zwecke errichtet oder genutzt werden, und am Festlandsockel, soweit dort Naturschätze des Meeresgrundes und des Meeresuntergrundes erforscht oder ausgebeutet werden, und

2. am Festlandsockel, soweit dort

a. dessen natürliche Ressourcen erforscht oder ausgebeutet werden; natürliche Ressourcen in diesem Sinne sind die mineralischen und sonstigen nicht lebenden Ressourcen des Meeresbodens und seines Untergrunds sowie die zu den sesshaften Arten gehörenden Lebewesen, die im nutzbaren Stadium entweder unbeweglich auf oder unter dem Meeresboden verbleiben oder sich nur in ständigem körperlichen Kontakt mit dem Meeresboden oder seinem Untergrund fortbewegen können; oder

b. künstliche Inseln errichtet oder genutzt werden und Anlagen und Bauwerke für die in Buchstabe a genannten Zwecke errichtet oder genutzt werden. [...] [6]

Wohnsitz
Die Definition des Begriffes *Wohnsitz* findet Sommerweizen in der Abgabenordnung (AO):

§ 8 AO – Wohnsitz
Einen *Wohnsitz* hat jemand dort, wo er eine Wohnung unter Umständen innehat, die darauf schließen lassen, dass er die Wohnung beibehalten und benutzen wird [2].

Gewöhnlicher Aufenthalt
Alternativ zum Wohnsitz könnte auch der *gewöhnliche Aufenthalt* das Merkmal ausmachen, welches die unbeschränkte Steuerpflicht begründet:

§ 9 AO – Gewöhnlicher Aufenthalt
Den *gewöhnlichen Aufenthalt* hat jemand dort, wo er sich unter Umständen aufhält, die erkennen lassen, dass er an diesem Ort oder in diesem Gebiet *nicht nur vorübergehend* verweilt. Als gewöhnlicher Aufenthalt [...] ist stets und von Beginn an ein zeitlich zusammenhängender Aufenthalt von *mehr als sechs Monaten* Dauer anzusehen; kurzfristige Unterbrechungen bleiben unberücksichtigt [...] [3].

Vorgenannte Merkmale soll folgendes Beispiel verdeutlichen:

Beispiel 3.3.1 – Unbeschränkte Steuerpflicht

Carlo Sommerweizen lebt seit einigen Jahren in einem kleinen Einfamilienhaus in Neustadt (Deutschland). Er und Gattin Carlotta erzielen Einkünfte, welche im Rahmen ihrer persönlichen Einkommensteuer berücksichtigt werden. Sommerweizen und Gattin erfüllen also die Voraussetzungen des § 1 (1) S. 1 EStG. Beide sind *natürliche Personen,* welche im *Inland* (Neustadt) den *Wohnsitz* haben. Somit sind beide *unbeschränkt steuerpflichtig.*

Die Konsequenz der unbeschränkten Steuerpflicht besteht darin, dass das gesamte Welteinkommen in Deutschland der Einkommensteuer zu unterwerfen ist.

▶ Bei unbeschränkter Einkommensteuerpflicht ist das gesamte Welteinkommen der deutschen Einkommensteuer zu unterwerfen (Welteinkommensprinzip).

3.3.2 Beschränkte Steuerpflicht

Da die *beschränkte Steuerpflicht* für ihn eigentlich nicht in Frage kommt, Sommerweizen aber trotzdem informiert sein möchte, liest er aus reinem Interesse heraus auch noch den § 1 (4) EStG:

§ 1 EStG – Steuerpflicht

[…] (4) Natürliche Personen, die im Inland *weder* einen Wohnsitz *noch* ihren gewöhnlichen Aufenthalt haben, sind […] *beschränkt einkommensteuerpflichtig,* wenn sie inländische Einkünfte im Sinne des § 49 haben [6].

Sommerweizen denkt sofort an seine Urlaubsbekanntschaft in Südtirol.

Beispiel 3.3.2 – Beschränkte Steuerpflicht

Luigi Piaggi – gebürtiger Italiener – lebt seit mehr als 20 Jahren in Rom und führt dort ein gut gehendes Restaurant. Er machte im letzten Sommer – genau wie Sommerweizen – Urlaub in Südtirol, wo beide sich jeden Abend an der Hotelbar trafen, um dort einen guten Cappuccino zu sich zu nehmen. Luigi erzählt Sommerweizen von seiner Geldanlage in Deutschland, deren Einkünfte er auch dort versteuert. Die übrigen seiner Einkünfte versteuert er in Italien.

Sommerweizen weiß – nach Literatur des Gesetzes – dass Luigi nach § 1 EStG eine natürliche Person ist, die aber im Inland (also Deutschland) *keinen* Wohnsitz oder gewöhnlichen Aufenthalt hat, aber dort Einkünfte erzielt, die der deutschen Einkommensteuer zu unterwerfen sind (§ 49 (1) Nr. 5 Buchstabe a) EStG). Sommerweizen kommt zu dem Schluss, dass Piaggi also zu den *beschränkt steuerpflichtigen* Personen zählen muss, welche nicht die gesamten Einkünfte auf der ganzen Welt in Deutschland versteuern müssen, sondern nur diejenigen, die dort erzielt wurden.

3.4 Veranlagungsarten

Rolf Bruchkiste, ebenfalls ein guter Freund (ausgebildeter Steuerfachangestellter und nun Einzelunternehmer), erklärt Carlo auf Anfrage, dass nicht nur die persönliche Steuerpflicht eine wichtige Rolle bei der Einkommensbesteuerung spielt, sondern auch die *persönliche Lebenssituation.*

Im Rahmen der Einkommensteuer-Veranlagung ist also jeweils auch die Information an das Finanzamt zu liefern, ob der Steuerpflichtige zum Beispiel als Single oder als Ehepartner durchs Leben geht. Bruchkiste spricht von den sogenannten *Veranlagungsarten,* welche er Carlo kurz erläutert.

3.4.1 Einzelveranlagung

Grundsätzlich wird jeder Steuerpflichtige einzeln zur Einkommensteuer veranlagt. Die Ehegattenveranlagung hingegen lässt Wahlrechte zu, die im nachfolgenden Abschnitt kurz dargestellt wird Abschn. 3.4.2 *Ehegattenveranlagung.*

Sommerweizen erinnert sich, dass er vor seiner Hochzeit mit Carlotta noch im Rahmen einer *Einzelveranlagung* einkommensteuerlich berücksichtigt wurde. Sein Steuerberater Glaube, der bereits seit langer Zeit seine steuerlichen Angelegenheiten regelt, zitierte damals schon den § 25 EStG:

> **§ 25 EStG – Veranlagungszeitraum, Steuererklärungspflicht**
> (1) Die Einkommensteuer wird *nach Ablauf des Kalenderjahres* (Veranlagungszeitraum) nach dem Einkommen veranlagt, das der Steuerpflichtige in diesem Veranlagungszeitraum bezogen hat, soweit nicht […] eine Veranlagung unterbleibt […].
> (3) 1Die steuerpflichtige Person hat für den Veranlagungszeitraum eine eigenhändig unterschriebene Einkommensteuererklärung abzugeben […] [7].

Carlo überlegt, wie es damals war:

Beispiel 3.4.1 – Einzelveranlagung

Sommerweizen bezog vor einigen Jahren, wo er als Angestellter der Schlott AG tätig war, ein Bruttogehalt von 55.320,00 €. Verheiratet war er damals noch nicht. Da er keine besonderen Gründe aufweisen konnte, die eine Nichtveranlagung rechtfertigen, hatte er eine Einkommensteuer-Erklärung, die sein Steuerberater Glaube erstellt hatte, unterschrieben und an sein zuständiges Finanzamt weiter geleitet. Er wurde *einzeln veranlagt*. Sein gesamtes, im abgelaufenen Kalenderjahr erzieltes Einkommen wurde im Rahmen der Veranlagung berücksichtigt.

Mittlerweile gilt:

▶ Die Steuererklärung muss grundsätzlich in elektronischer Form an das Finanzamt übermittelt werden (§ 25 (4) S. 1 EStG).

3.4.2 Ehegattenveranlagung

Bei der Ehegattenveranlagung kann mittlerweile zwischen der *Zusammen-* und *Einzelveranlagung* gewählt werden.

▶ Die getrennte Veranlagung gibt es nicht mehr.

Nach dem Einkommensteuerrecht sind einige Voraussetzungen zu erfüllen, damit eine Ehegattenveranlagung erfolgen kann:

§ 26 EStG – Veranlagung von Ehegatten
1. 1 Ehegatten können zwischen der *Einzelveranlagung* (§ 26a) und der *Zusammenveranlagung* (§ 26b) wählen, wenn
    1. beide *unbeschränkt einkommensteuerpflichtig* im Sinne des § 1 Absatz 1 oder 2 oder des § 1a sind,
    2. sie nicht dauernd getrennt leben und
    3. bei ihnen die *Voraussetzungen* aus den Nummern 1 und 2 zu Beginn des Veranlagungszeitraums *vorgelegen haben* oder im Laufe des Veranlagungszeitraums eingetreten sind […] [19].

Sommerweizen überlegt, wo jetzt der Unterschied zwischen Zusammen- und Einzelveranlagung bestehen soll. Er recherchiert im Einkommensteuer-Gesetz und kommt zu folgendem Ergebnis:

3.4 Veranlagungsarten

Zusammenveranlagung
Im Rahmen der *Zusammenveranlagung* werden die Ehegatten als sogenannte Gesamtschuldner betrachtet.

§ 25 EStG – Veranlagungszeitraum, Steuererklärungspflicht
(3) [...] 2Wählen Ehegatten die Zusammenveranlagung (§ 26b), haben sie eine *gemeinsame* Steuererklärung abzugeben, die von beiden eigenhändig zu unterschreiben ist [...] [7].

Wählen er und seine Gattin also (weiterhin) die *Zusammenveranlagung,* da Steuerberater Glaube ihnen auch nichts anderes empfohlen hat, dann gilt § 26b EStG.

§ 26b EStG – Zusammenveranlagung von Ehegatten
Bei der *Zusammenveranlagung von Ehegatten* werden die Einkünfte, die die Ehegatten erzielt haben, *zusammengerechnet*, den Ehegatten *gemeinsam zugerechnet* und, soweit nichts anderes vorgeschrieben ist, die Ehegatten sodann *gemeinsam als Steuerpflichtiger* behandelt [8].

Beispiel 3.4.2.a – Zusammenveranlagung
Carlo und Carlotta Sommerweizen sind seit mehreren Jahren glücklich verheiratet. Carlo ist mittlerweile erfolgreicher, selbständiger Autohändler. Seine Frau Carlotta arbeitet als Rechtsanwaltsgehilfin in einer Kanzlei. Die Einkünfte der Eheleute werden im Rahmen der Einkommensteuer-Veranlagung zusammengerechnet und den Ehepartnern gemeinschaftlich zugerechnet, da nichts anderes vereinbart wurde. Sie werden als **ein Steuerpflichtiger** behandelt.

Einzelveranlagung
Sommerweizen hätte theoretisch auch die Möglichkeit, sich *einzeln* veranlagen zu lassen. Er liest § 26a EStG:

§ 26a EStG – Einzelveranlagung von Ehegatten
1. 1Bei der Einzelveranlagung von Ehegatten sind jedem Ehegatten die von ihm bezogenen Einkünfte zuzurechnen [...].
2. 1*Sonderausgaben, außergewöhnliche Belastungen* [...] werden *demjenigen Ehegatten* zugerechnet, der die Aufwendungen wirtschaftlich getragen hat. 2Auf übereinstimmenden Antrag der Ehegatten werden sie jeweils zur Hälfte abgezogen [...] [9].

Sommerweizen überlegt daraufhin:

> **Beispiel 3.4.2.b – Einzelveranlagung von Ehegatten**
> Sommerweizen könnte sich zukünftig gegen die Zusammen-, aber für die Einzelveranlagung entscheiden. Dies würde bedeuten, dass zum Beispiel die Einkünfte aus dem Autohaus und der Werkstatt (Einkünfte aus Gewerbebetrieb) auch nur ihm selbst zugerechnet würden.
> Versicherungsbeiträge (Sonderausgaben) und Krankheitskosten (Außergewöhnliche Belastungen) wären ebenfalls dann ihm zuzuordnen, wenn er die Kosten wirtschaftlich trägt, sie also aus der eigenen Geldbörse bezahlt. Er könnte sich aber auch mit Carlotta auf den hälftigen Abzug der Sonderausgaben und außergewöhnlichen Belastung bei der individuellen Steuererklärung entscheiden.

Er informiert sich bei Steuerberater Glaube, der ihm hierauf die Antwort liefert:

▶ Es ist stets die für den Steuerpflichtigen günstigere Alternative bei der Erstellung der Einkommensteuererklärung zu berechnen und im Anschluss anzuwenden.

3.5 Einkommensteuer-Tarife

Jetzt beschäftigt sich Carlo Sommerweizen mit den Einkommensteuer-Tarifen.
Hier unterscheidet man, wie er herausfindet, zwischen dem *Grundtarif* und dem *Splittingtarif*. Die tarifliche Einkommensteuer wird – in Abhängigkeit des jeweiligen Familienstandes – auf der Basis des *zu versteuernden Einkommens* (Bemessungsgrundlage) erhoben.

§ 32a EStG – Einkommensteuertarif
1. 1Die tarifliche Einkommensteuer in den Veranlagungszeiträumen ab 2019 bemisst sich nach dem zu versteuernden Einkommen […] [10].

3.5.1 Grundtarif

Natürliche Personen, die nach dem *Grundtarif* versteuert werden, sind zum Beispiel

- Ledige
- Verwitwete
- Dauernd getrennt Lebende oder
- Ehegatten, welche sich für die Einzelveranlagung entschieden haben.

3.5 Einkommensteuer-Tarife

Nach § 32a (1) EStG besteht der Einkommensteuertarif aus 5 Zonen. Die erste Tarifzone, die sogenannte *Nullzone* ist der Bereich, in der der Steuerpflichtige bei einem zu versteuernden Einkommen von bis zu 9.168,00 € (Grundfreibetrag) keine Einkommensteuer zahlen muss.

▶ Der Grundfreibetrag 2019 beträgt 9.168,00 €.

Im Gegensatz zur Körperschaftsteuer gibt es im Einkommensteuerrecht *unterschiedlich hohe* Steuersätze. Gestartet wird mit dem Eingangssteuersatz von 14 % (ab einem zu versteuernden Einkommen von 9.169,00 €). Für Steuerpflichtige mit hohem Einkommen ist der (vorläufige) Spitzensteuersatz von 42 % ab einem zu versteuernden Einkommen von 55.961,00 € anzuwenden. Hat der Steuerpflichtige jedoch mehr als ein zu versteuerndes Einkommen von 265.327,00 €, so ist der Spitzensteuersatz von 45 % auf die vorgenannte Bemessungsgrundlage anzurechnen. (Reichensteuer).

▶ Der Eingangssteuersatz beträgt 14 %, der konstante Spitzensteuersatz auf das zu versteuernde Einkommen beläuft sich auf 45 % (Reichensteuer).

Sommerweizen denkt: Das brauche ich mir momentan noch nicht alles zu merken. Bis zu diesem Einkommen muss ich noch einige Autos verkaufen beziehungsweise reparieren. Trotzdem findet er diese Information interessant.
Er überlegt im Anschluss, wer denn persönlich steuerpflichtig ist, aber trotzdem keine Einkommensteuer zahlen muss ... Und hierzu fällt ihm dann ein:

Beispiel 3.5.1 – Grundtarif
Sommerweizens Neffe Peter (nicht verheiratet) studiert in Koblenz Betriebswirtschaftslehre. Peters zu versteuerndes Einkommen beläuft sich im Jahr 01 auf insgesamt 5.230,00 €. Hierin enthalten sind Einkünfte aus seinem Ferienjob.
Der Studierende ist zwar unbeschränkt steuerpflichtig, da er die Voraussetzungen des § 1 EStG erfüllt. Da das zu versteuernde Einkommen jedoch unterhalb des Grundfreibetrages (9.168,00 €) liegt, ist keine Einkommensteuer zu zahlen [...].

3.5.2 Splittingtarif

Da Carlo Sommerweizen weiß, dass für Ehegatten andere Tarife gelten, schaut er sich die Vorschriften für den Splitting-Tarif im Einkommensteuergesetz an.

Wie sein Freund Rolf Bruchkiste ihm zusätzlich erklärt, gilt der *Splittingtarif* zum Beispiel für:

- Ehegatten, welche sich für die Zusammenveranlagung entschieden haben oder auch
- Verwitwete Ehegatten im Jahr nach dem Todesfall des Ehegatten (Gnadensplitting)

§ 32a EStG – Einkommensteuertarif
[…] (5) Bei Ehegatten […] beträgt die tarifliche Einkommensteuer […] das Zweifache des Steuerbetrags, der sich für die Hälfte ihres gemeinsam zu versteuernden Einkommens nach Absatz 1 ergibt *(Splitting-Verfahren)* […] [10].

Sommerweizen versteht jetzt, was sein Steuerberater Glaube ihm bei der Einkommensteuer-Erklärung im letzten Jahr erläutert hat, wo er jedoch nicht ganz folgen konnte und wegen seiner Unkenntnis nicht nachzufragen wagte:

Beispiel Steuerberater Glaube teilte seinerzeit seinem Mandanten Carlo Sommerweizen mit, dass die Zusammenveranlagung für die Eheleute Sommerweizen die steuerlich günstigere Alternative sei. Deshalb erfolge die Versteuerung nach der Splitting-Tabelle, also nach dem sogenannten *Splittingtarif*. Er erklärte im zusätzlich, dass der Grundfreibetrag doppelt so hoch sei, wie beim Grundtarif.

Jetzt sieht Sommerweizen, wie wichtig es ist, mit den steuerlichen Fachbegriffen zumindest ansatzweise vertraut zu sein, um die richtige Entscheidung treffen zu können, wenn Gesetze Wahlrechte einräumen.

3.6 Berechnungsschema Einkommensteuer

Nachdem Sommerweizen sich über einige Grundlagen informiert hat, möchte er nun gerne einmal ein vereinfachtes Schema zur Berechnung des zu versteuernden Einkommens sehen.

Er bittet seinen Freund Rolf ihm kurz und vor allem verständlich die wesentlichen Schritte zur Berechnung darzustellen. Auf Besonderheiten und Details soll Rolf bitte verzichten. Dieser kommt dem Wunsch seines motivierten Freundes gerne nach und legt ihm folgendes Schema vor, welches, wie er betont, stark vereinfacht ist und nur die Grundzüge der Berechnung beinhaltet (Tab. 3.1):

3.6 Berechnungsschema Einkommensteuer

Tab. 3.1 Vereinfachtes Berechnungsschema „Zu versteuerndes Einkommen"

	Art	Vorschrift
	Einkünfte aus Land- und Forstwirtschaft	§ 13 EStG
+	Einkünfte aus Gewerbebetrieb	§ 15 EStG
+	Einkünfte aus selbständiger Arbeit	§ 18 EStG
+	Einkünfte aus nichtselbständiger Arbeit	§ 19 EStG
+	(Einkünfte aus Kapitalvermögen)	§ 20 EStG
+	Einkünfte aus Vermietung und Verpachtung	§ 21 EStG
+	Sonstige Einkünfte	§ 22 EStG
=	*Summe der Einkünfte*	–
./.	Altersentlastungsbetrag	§ 24a EStG
./.	Entlastungsbetrag für Alleinerziehende	§ 24b EStG
=	*Gesamtbetrag der Einkünfte*	§ 2 (3) EStG
./.	Verlustabzug	§ 10d EStG
./.	Sonderausgaben	§§ 10, 10a, 10b, 10c EStG
./.	Außergewöhnliche Belastungen	§§ 33, 33a, 33b EStG
=	*Einkommen*	§ 2 (4) EStG
./.	Freibetrag für Kinder	§§ 31, 32 (6) EStG
=	*Zu versteuerndes Einkommen*	§ 2 (5) EStG

Rolf Bruchkiste weist seinen Freund Carlo darauf hin, dass es seinen zeitlichen Rahmen sprengen würde, wenn er ihm jetzt das gesamte System bis ins Detail erklären solle. Er beschränke sich nun auf die Erläuterung wesentlicher Punkte innerhalb dieser Berechnung: die sieben Einkunftsarten.

Einkunftsarten

Das Einkommensteuerrecht nennt im § 2 (1) EStG 7 Einkunftsquellen:

§ 2 (1) EStG – Umfang der Besteuerung, Begriffsbestimmungen
1. 1Der Einkommensteuer unterliegen
   1. Einkünfte aus Land- und Forstwirtschaft,
   2. Einkünfte aus Gewerbebetrieb,
   3. Einkünfte aus selbständiger Arbeit,
   4. Einkünfte aus nichtselbständiger Arbeit,
   5. Einkünfte aus Kapitalvermögen,
   6. Einkünfte aus Vermietung und Verpachtung,
   7. sonstige Einkünfte im Sinne des § 22,

die der Steuerpflichtige während seiner unbeschränkten Einkommensteuerpflicht oder als inländische Einkünfte während seiner beschränkten Einkommensteuerpflicht erzielt [...] [11].

Diese können unterteilt werden in *Gewinn-* und *Überschusseinkunftsarten,* wobei den Einkünften aus Kapitalvermögen eine besondere Bedeutung zukommt. Diese werden nur auf Wunsch des Steuerpflichtigen in die Berechnung des Einkommens mit einbezogen. Eine ausführliche Erläuterung finden Sie in Abschn. 3.6.2.2 *Einkünfte aus Kapitalvermögen.*

§ 2 EStG – Umfang der Besteuerung, Begriffsbestimmungen
[...] (2) 1Einkünfte sind
1. bei Land- und Forstwirtschaft, Gewerbebetrieb und selbständiger Arbeit der *Gewinn* [...],
2. bei den anderen Einkunftsarten der *Überschuss* der Einnahmen über die Werbungskosten [...] [11].

3.6.1 Gewinneinkunftsarten

Rolf erläutert Carlo zunächst die *Gewinneinkunftsarten* und deren Berechnung. Er geht auf folgende 3 Einkunftsquellen ein:

- die Einkünfte aus Land- und Forstwirtschaft (§ 13 EStG)
- die Einkünfte aus Gewerbebetrieb (§ 15 EStG) und
- die Einkünfte aus selbständiger Tätigkeit (§ 18 EStG)

Der *Gewinn* beziehungsweise der Verlust welcher bei der jeweiligen Gewinneinkunftsart als „Einkünfte" berücksichtigt wird, kann auf unterschiedlichen Wegen ermittelt werden. Einige mögliche Berechnungsmethoden werden von Rolf später vorgestellt Abschn. 3.6.1.4 *Gewinnermittlungsmethoden.*

3.6.1.1 Einkünfte aus Land- und Forstwirtschaft (§ 13 EStG)
Rolf erklärt Carlo zunächst, welche Einnahmen überhaupt zu dieser Einnahmenquelle zählen. Er verweist auf folgende gesetzliche Vorschrift:

§ 13 EStG – Einkünfte aus Land- und Forstwirtschaft
1. Einkünfte ausLand- und Forstwirtschaft sind
    1. Einkünfte aus dem Betrieb von Landwirtschaft, Forstwirtschaft, Weinbau, Gartenbau und aus allen Betrieben, die Pflanzen und Pflanzenteile mit Hilfe der Naturkräfte gewinnen [...] [12].

> **Beispiel 3.7.1.1 – Einkünfte aus Land- und Forstwirtschaft**
> Sommerweizen erinnert sich, dass seine Tante Berta Sommerweizen seit vielen Jahren eine Apfelplantage in Neuwied unterhält. Sie erzielt somit auch Einkünfte aus Land- und Forstwirtschaft, was der Blick ins Einkommensteuergesetz bestätigt.

Da aber die Einkünfte aus Land- und Forstwirtschaft laut Rolf Bruchkiste eine spezielle Wissenschaft darstellt, verzichtet er diesbezüglich bewusst auf weitere Informationen, da er weiß, dass sein Freund Carlo überwiegend an den Informationen zu den Einkünften aus Gewerbebetrieb (Abschn. 3.6.1.2 *Einkünfte aus Gewerbebetrieb*) interessiert ist. Denn als Autohändler hat er nachvollziehbar keine Einkünfte vorgenannter Art.

3.6.1.2 Einkünfte aus Gewerbebetrieb (§ 15 EStG)

Bei dieser Einkunftsart verweilt Rolf etwas länger, da er weiß, wie wichtig das Hintergrundwissen für seinen Freund Carlo als Autohändler ist. Er sucht ihm zunächst die Definition des Gewerbebetriebs aus dem Einkommensteuergesetz heraus.

§ 15 EStG – Einkünfte aus Gewerbebetrieb

[…] (2) [1]Eine selbständige nachhaltige Betätigung, die mit der Absicht, Gewinn zu erzielen, unternommen wird und sich als Beteiligung am allgemeinen wirtschaftlichen Verkehr darstellt, ist Gewerbebetrieb, wenn die Betätigung weder als Ausübung von Land- und Forstwirtschaft noch als Ausübung eines freien Berufs noch als eine andere selbständige Arbeit anzusehen ist […] [13].

Das ist für Sommerweizen jetzt doch sehr theoretisch und er bittet um Erläuterung folgender wesentlicher Merkmale, die er sich auf ein leeres Blatt schreibt:

- selbständige Tätigkeit
- nachhaltige Tätigkeit
- Gewinnerzielungsabsicht
- Beteiligung am allgemeinen wirtschaftlichen Verkehr
- keine Land- und Forstwirtschaft
- keine freiberufliche oder sonstige selbständige Tätigkeit

Rolf Bruchkiste nimmt sich sehr viel Zeit für Freund Carlo und erläutert ihm geduldig die 4 positiven und 2 negativen Merkmale der vorgenannten gesetzlichen Vorschrift.

Selbständige Tätigkeit (positives Merkmal)
Selbständig ist ein Steuerpflichtiger, welcher *nicht weisungsgebunden* ist, also keinen Arbeitsvertrag mit einem Arbeitgeber abgeschlossen hat und *auf eigene Gefahr* und *eigene Rechnung* handelt.

Nachhaltige Tätigkeit (positives Merkmal)
Eine Tätigkeit ist *nachhaltig* ausgeführt, wenn eine *Wiederholungsabsicht* im Hinblick auf die unternehmerische Tätigkeit zu erkennen ist.

Das heißt, eine einmalige Tätigkeit reicht in der Regel nicht aus, um von Nachhaltigkeit zu sprechen. Auf Sommerweizens Autohaus bezogen, kann man davon ausgehen, dass er eine nachhaltige Tätigkeit ausübt. Denn der Kauf der vielen Autos (Warenvorrat) und die Einrichtung des Verkaufsraumes und der angeschlossenen Werkstatt zeigen eindeutig, dass sich Sommerweizen nicht nur einmalig um Umsatz bemüht, sondern seine Tätigkeit mit Wiederholungsabsicht ausführt.

Gewinnerzielungsabsicht (positives Merkmal)
Dieses Kriterium ist erfüllt, wenn auf unternehmerischer Seite die Absicht besteht, Gewinne über den *gesamten unternehmerischen Zeitraum (Totalzeitraum)* zu erzielen. Es wird das Ziel verfolgt, das Betriebsvermögen zu mehren.

Eine Gewinnerzielungsabsicht losgelöst für ein einzelnes Wirtschaftsjahr ist *nicht* ausreichend.

Auch dieses Kriterium kann Sommerweizen für sein Unternehmen bejahen. Denn: er hat sich selbständig gemacht, mit der Absicht, Gewinne zu erzielen. Wie hoch diese sein werden, spielen diesbezüglich keine Rolle.

Beteiligung am allgemeinen wirtschaftlichen Verkehr (positives Merkmal)
Das weiß Sommerweizen bereits selbst: wenn er am Markt *als Anbieter und Nachfrager von Gütern und Dienstleistungen* auftritt, nimmt er teil am allgemeinen wirtschaftlichen Verkehr. Auch dieses Kriterium erfüllt er mit seinem Autohaus.

Er kauft regelmäßig neue und gebrauchte Fahrzeuge ein. Somit gilt er als *Nachfrager von Gütern*. Indem er diese wieder an Kunden veräußert, ist er *Anbieter* derselben.

Dienstleistungen fragt er ebenfalls nach (so zum Beispiel die *Beratung* durch Steuerberater Glaube). Sommerweizen bietet selbst auch Dienstleistungen an, in dem er den interessierten Kunden über wesentliche Informationen zum Autokauf vorab *informiert*.

keine Land- und Forstwirtschaft (negatives Merkmal)
Einkünfte aus Land- und Forstwirtschaft beinhalten zwar dieselben positiven Kriterien wie die gewerblichen Einkünfte, jedoch sind hier Sondertatbestände abgegrenzt. Bei Einkünften aus Land- und Forstwirtschaft ist § 13 EStG zu beachten.

3.6 Berechnungsschema Einkommensteuer

keine freiberufliche oder sonstige selbständige Tätigkeit (negatives Merkmal)
Die *Freiberufler* wie zum Beispiel der Rechtsanwalt oder der Steuerberater ist nicht im Rahmen eines Gewerbebetriebs tätig. Diese Unternehmer unterscheiden sich von den Gewerbetreibenden insbesondere dadurch, dass sie ihre Tätigkeit in eigener Person ausführen müssen und nicht gewerbesteuerpflichtig sind. Weitere Ausführungen zu den Freiberuflern erfolgen im nächsten Abschn. 3.6.1.3 *Einkünfte aus selbständiger Tätigkeit*.

Bei der *sonstigen selbständigen Tätigkeit* findet man im Gesetz zum Beispiel die Einkünfte aus sonstiger selbständiger Tätigkeit als Testamentsvollstrecker oder Vermögensverwalter. Diese sind regelmäßig den Einkünften aus selbständiger Tätigkeit zuzuordnen.

Beispiel 3.7.1.2 – Einkünfte aus Gewerbebetrieb
Sommerweizen stellt nach kritischer Überlegung und der Recherche im Einkommensteuergesetz fest, dass er auf jeden Fall zur Gruppe der Gewerbetreibenden zählen muss. Denn er erfüllt mit seinem Autohandel alle geforderten Merkmale: Selbständigkeit, Nachhaltigkeit, Gewinnerzielungsabsicht, Teilnahme am allgemeinen wirtschaftlichen Verkehr, keine Land- und Forstwirtschaft und keine freiberufliche oder sonstige selbständige Arbeit.

3.6.1.3 Einkünfte aus selbständiger Tätigkeit (§ 18 EStG)
Rolf erläutert seinem Freund Carlo nun auch die Gruppe der Freiberufler:

§ 18 EStG
1. Einkünfte aus selbständiger Arbeit sind
    1. Einkünfte aus *freiberuflicher Tätigkeit*. 2Zu der freiberuflichen Tätigkeit gehören die selbständig ausgeübte wissenschaftliche, künstlerische, schriftstellerische, unterrichtende oder erzieherische Tätigkeit, die selbständige Berufstätigkeit der Ärzte, Zahnärzte, Tierärzte, Rechtsanwälte, Notare, Patentanwälte, Vermessungsingenieure, Ingenieure, Architekten, Handelschemiker, Wirtschaftsprüfer, Steuerberater, beratenden Volks- und Betriebswirte, vereidigten Buchprüfer, Steuerbevollmächtigten, Heilpraktiker, Dentisten, Krankengymnasten, Journalisten, Bildberichterstatter, Dolmetscher, Übersetzer, Lotsen und ähnlicher Berufe [...].

Die vorgenannten Berufe werden auch als *Katalogberufe* bezeichnet.
Übt ein Steuerpflichtiger einer der vorgenannten Tätigkeiten selbständig (also nicht im Angestelltenverhältnis) aus, so gehört er zur Gruppe der Freiberufler.

Auch Aufsichtsratsmitglieder oder Testamentsvollstrecker sind den selbständig Tätigen im Sinne des § 18 EStG zuzuordnen.

> **Beispiel 3.7.1.3 – Einkünfte aus selbständiger Arbeit**
> Sommerweizens Hausarzt ist seit Jahrzehnten in Limburg mit seiner Arztpraxis ansässig. Da er einen Katalogberuf ausübt, gehört er zu den Freiberuflern.

Carlo möchte gerne wissen, was denn nun einen Gewerbetreibenden von einem Freiberufler grundlegend unterscheidet. Rolf und er überlegen sich gemeinsam einige Merkmale:

- Der Freiberufler erzielt Einkünfte nach § 18 EStG, der Gewerbetreibende nach § 15 EStG.
- Der Freiberufler muss sich bei persönlicher Verhinderung (zum Beispiel Urlaub) um eine Ersatzkraft bemühen, welche die gleiche berufliche Qualifikation mitbringt.
- Freiberufler sind nicht gewerbesteuerpflichtig, Gewerbetreibende sind es.
- Freiberufler sind weder nach Handels- noch nach Steuerrecht buchführungspflichtig, Gewerbetreibende sind buchführungspflichtig, sofern sie nicht nach Gesetz befreit sind oder von einem Wahlrecht im Sinne des § 241a HGB Gebrauch machen.
- Freiberufler dürfen ihrem Unternehmen keinen Namen geben beziehungsweise keine Firma führen. Kaufleute haben sogar die Verpflichtung, ihr Unternehmen unter einer Firma (= Name des Unternehmens) im Handelsregister eintragen zu lassen.
- Freiberufler dürfen kein abweichendes Wirtschaftsjahr wählen, denn sie sind auch nicht im Handelsregister eingetragen. Eingetragene Kaufleute dürfen stets ein abweichendes Wirtschaftsjahr beim zuständigen Finanzamt beantragen, da sie im Handelsregister eingetragen sind.

Es gibt sicherlich noch weitere Unterscheidungsmerkmale, aber Sommerweizen hat den Unterschied erkannt und ist zufrieden.

3.6.1.4 Gewinnermittlungsmethoden
Nun möchte Sommerweizen gerne wissen, wie das betriebliche Ergebnis (Gewinn oder Verlust) ermittelt wird, welche im Rahmen der Gewinneinkunftsarten berücksichtigt wird.

3.6 Berechnungsschema Einkommensteuer

Hinsichtlich der Gewinnermittlungsmethoden kann wie folgt unterschieden werden zwischen:

a. Betriebsvermögensvergleich (§ 4 (1) S. 1 und § 5 EStG)
b. Einnahme-Überschuss-Rechnung (§ 4 (3) EStG)
c. Voll- und Teilschätzung (§ 162 AO)

Diese erläutert Rolf kurz anhand von Beispielen:

Betriebsvermögensvergleich (§ 4 (1) S. 1 und § 5 EStG)
Beim Betriebsvermögensvergleich wird das Betriebsvermögen (= Eigenkapital) am Ende eines Wirtschaftsjahres (zum Beispiel Wert zum 31.12.01) dem Betriebsvermögen zu Beginn eines Wirtschaftsjahres (zum Beispiel Wert zum 01.01.01) gegenüber gestellt.
Das Ergebnis ist die sogenannte Reinvermögensänderung.

Bei Einzelunternehmen werden Privatentnahmen, welche im Laufe eines Jahres getätigt wurden, dem Zwischenergebnis hinzugerechnet (diese haben ja zuvor das Eigenkapital gemindert) und die Privateinlagen (diese haben unterjährig das Eigenkapital erhöht) vom Zwischenergebnis abgezogen.

Das Endergebnis ist der Gewinn oder der Verlust des Unternehmens. Rolf erklärt Carlo seinen Betriebsvermögensvergleich im Jahr 01.

> **Beispiel 3.7.1.4.a – Betriebsvermögensvergleich**
> Sommerweizens Freund Rolf Bruchkiste hat zum 31.12.01 ein Eigenkapital in Höhe von 375.000,00 €. Das Eigenkapital zum 01.01.01 betrug 580.000,00 €. Die Privatentnahmen belaufen sich in 01 auf insgesamt 30.000,00 €, die Privateinlagen auf 74.500,00 €. Er rechnet nach, wie hoch sein betriebliches Ergebnis für das Jahr 01 ausfällt.
> Nach vorgenanntem Rechenweg beträgt der Verlust 249.500,00 €. (Rechenweg: 375.000,00 ./. 580.000,00 + 30.000,00 ./. 74.500,00 = ./. 249.500,00 €).

Einnahme-Überschuss-Rechnung (§ 4 (3) EStG)
Bei der Einnahmen-Überschussrechnung im Sinne des § 4 (3) EStG werden die zahlungsrelevanten betrieblichen Einnahmen den zahlungsrelevanten betrieblichen Ausgaben gegenüber gestellt. Es ist der tatsächlich erfolgte Geldfluss maßgeblich („Zufluss-/Abflussprinzip").

§ 11 (1) EStG

1. ¹Einnahmen sind *innerhalb* des Kalenderjahres bezogen, in dem sie dem Steuerpflichtigen zugeflossen sind. ²*Regelmäßig wiederkehrende* Einnahmen, die dem Steuerpflichtigen kurze Zeit vor Beginn oder kurze Zeit nach Beendigung des Kalenderjahres, zu dem sie wirtschaftlich gehören, zugeflossen sind, gelten als in diesem Kalenderjahr bezogen [...] [15].

Die Einnahmen-Überschussrechnung wird, so Rolfs Erläuterung, häufig von denjenigen Unternehmern gewählt, welche nicht aufgrund gesetzlicher Vorschriften verpflichtet sind, Bücher zu führen. Hierzu zählen zum Beispiel die Freiberufler (Steuerberater, Rechtsanwälte, Dozenten und andere) und die Kleingewerbetreibenden (zum Beispiel Kioskinhaber, Obsthändler auf dem Wochenmarkt).

Beispiel 3.7.1.4.b – Einnahme-Überschuss-Rechnung

Sommerweizen kauft regelmäßig seine Tageszeitung beim Kioskinhaber an der Ecke Marktstraße. Seinen Gewinn ermittelt der Kleingewerbetreibende anhand der Einnahmen Überschuss-Rechnung gemäß § 4 (3) EStG. Seine Einnahmen im Jahr 01, die er auch tatsächlich in diesem Jahr bar oder per Bank vereinnahmt hat, betragen 12.000,00 €, die betrieblichen Ausgaben 7500,00 €.

Er ermittelt als Gewinn den Überschuss der Betriebseinnahmen über die Betriebsausgaben gemäß Zufluss-/Abflussprinzip. Dieser beträgt 4500,00 € (12.000,00 ./. 7500,00 €).

Voll- und Teilschätzung (§ 162 AO)

Rolf erklärt Carlo weiter: man unterscheidet grundsätzlich zwischen *Voll-* und *Teilschätzung*. Diese Art der Gewinnermittlung wird angewendet, wenn der Steuerpflichtige seiner Erklärungspflicht nicht oder zu spät (nicht fristgerecht) nachkommt. Auch in den Fällen, wo die Buchhaltungsunterlagen schwerwiegende inhaltliche Mängel aufweisen, kann die Schätzung als Gewinnermittlungsmethode durch Vertreter der Finanzbehörden angewandt werden.

Sind lediglich *Teile einer Buchhaltung* nicht für steuerliche Zwecke aussagekräftig (zum Beispiel im Falle eines negativen Kassen- oder Warenbestandes), so können diese fehlerhaften Teilbereiche durch den Betriebsprüfer anhand der vorliegenden Aktenlage geschätzt werden *(Teilschätzung)*.

Wurde die *Buchhaltung insgesamt* nicht erstellt oder sind die inhaltlichen Mängel so schwerwiegend, dass sie aus steuerlicher Sicht keine aussagekräftigen Informationen liefert, ist eine *Vollschätzung* erforderlich.

3.6 Berechnungsschema Einkommensteuer

§ 162 AO – Schätzung von Besteuerungsgrundlagen

1. Soweit die *Finanzbehörde* die Besteuerungsgrundlagen *nicht ermitteln* oder *berechnen* kann, hat sie sie zu schätzen […].
2. Zu schätzen ist insbesondere dann, wenn der Steuerpflichtige über seine Angaben *keine ausreichenden Aufklärungen zu geben vermag* oder weitere *Auskunft* oder eine *Versicherung an Eides statt verweigert* oder seine *Mitwirkungspflicht* […] verletzt. Das Gleiche gilt, wenn der Steuerpflichtige Bücher oder Aufzeichnungen, die er nach den Steuergesetzen zu führen hat, nicht vorlegen kann, […] oder wenn tatsächliche Anhaltspunkte für die *Unrichtigkeit* oder *Unvollständigkeit* der vom Steuerpflichtigen gemachten Angaben zu steuerpflichtigen Einnahmen oder Betriebsvermögensmehrungen bestehen […] [16].

Rolf erzählt seinem Freund Carlo von seinem Schätzungsbescheid:

Beispiel 3.7.1.4.c – Schätzung

Rolf Bruchkiste erhielt vom Finanzamt für das Jahr 01 einen Schätzungsbescheid, da er vergessen hat, seine Einkommensteuer-Erklärung 01 fristgerecht bei der Behörde einzureichen. Die (realitätsnahe) Schätzung durch das Finanzamt erfolgte, nachdem er zur Abgabe schriftlich aufgefordert wurde, aber dieser nicht nachkam. Die Steuererklärung muss er trotz Schätzung dem Finanzamt noch einreichen.

3.6.2 Überschusseinkunftsarten

Nach einer Kaffeepause erläutert Rolf seinem Freund Carlo im Anschluss die verbleibenden 4 *Überschusseinkunftsarten* und deren Berechnung. Er geht hierbei auf folgende Einkunftsquellen ein:

- Einkünfte nicht selbständiger Arbeit (§ 19 EStG)
- Einkünfte aus Kapitalvermögen (§ 20 EStG)
- Einkünfte aus Vermietung und Verpachtung (§ 21 EStG) sowie die
- sonstigen Einkünfte (§ 22 EStG).

Der *Überschuss* wird grundsätzlich (außer bei den Einkünften aus Kapitalvermögen nach § 20 EStG) ermittelt, indem von den *Einnahmen* die *Werbungskosten* in Abzug gebracht werden.

▶ Einnahmen ./. Werbungskosten = Einkünfte

Mit vorgenannten Einnahmen sind *nicht* die betrieblichen Einnahmen gemeint.

§ 8 EStG – Einnahmen
1. *Einnahmen* sind alle Güter, die in Geld oder Geldeswert bestehen und dem Steuerpflichtigen im Rahmen einer der Einkunftsarten [...] zufließen [...] [4].

Werbungskosten sind stets den Überschusseinkünften zuzuordnen.

§ 9 EStG – Werbungskosten
[1]*Werbungskosten* sind Aufwendungen zur *Erwerbung, Sicherung* und *Erhaltung* der Einnahmen. [2]Sie sind bei der Einkunftsart abzuziehen, bei der sie erwachsen sind [...] [5].

Werbungskosten sind nicht zu verwechseln mit den *Betriebsausgaben* bei den Gewinneinkunftsarten Abschn. 3.2 *Wichtige Definitionen*

Allen Überschusseinkunftsarten ist gemein, dass das Zufluss-/Abflussprinzip nach § 11 EStG zu beachten ist.

3.6.2.1 Einkünfte aus nichtselbständiger Arbeit (§ 19 EStG)

Bei den Einkünften aus nichtselbstständiger Arbeit handelt es sich um eine Überschusseinkunftsart.

Rolf Sommerweizen erinnert sich: Die Einkünfte ermitteln die weisungsgebundenen Arbeitnehmer, indem sie von ihren Einnahmen eines Kalenderjahres die entsprechenden Werbungskosten des gleichen Jahres in Abzug bringen.

Einnahmen
Zu den Einnahmen zählen zum Beispiel Bruttolöhne und –gehälter sowie alle Zuflüsse in Geld- oder Geldeswert. Die Einnahmen in Geldeswert werden auch als *geldwerte Vorteile* oder *Sachbezüge* bezeichnet, die dem Steuerpflichtigen aus einem aktiven oder ehemaligen Arbeitsverhältnis zufließen (§ 19 (1) EStG).

Manche Sachbezüge (beispielsweise kostenloses Mittagsessen) werden anhand von Sachbezugstabellen ermittelt.

Auch Zukunftssicherungsleistungen oder Zuschläge für Sonntagsarbeit gehören mit zu den Einnahmen, sind jedoch steuerfrei.

Auf Versorgungsbezüge (Bezüge aus einem früheren Dienstverhältnis) geht Rolf nicht ein. Diese gehören jedoch ebenfalls zu den Einkünften der vorliegenden Einkunftsart.

3.6 Berechnungsschema Einkommensteuer

Werbungskosten
Wie bereits in Abschn. 3.6.2 *Überschusseinkunftsarten* dargestellt, dienen Werbungskosten zum Erwerb, Sicherung und Erhaltung von Einnahmen. Klassische Kosten dieser Art sind zum Beispiel:

- Fahrtkosten zwischen Wohnung und Arbeitsstätte
- Arbeitsmittel
- Fachliteratur
- Arbeitskleidung u. ä.

In den Fällen, wo keine Werbungskosten entstanden sind oder die tatsächlich angefallenen und nachgewiesenen Kosten eine bestimmte Grenze nicht übersteigen, ist der Abzug eines Arbeitnehmer-Pauschbetrages anstelle der tatsächlichen Werbungskosten zulässig. Rolf Bruchkiste verweist auf § 9a EStG:

§ 9a EStG – Pauschbeträge für Werbungskosten
[1]Für *Werbungskosten* sind bei der Ermittlung der Einkünfte die folgenden Pauschbeträge abzuziehen, wenn nicht höhere Werbungskosten nachgewiesen werden:

1. a) von den Einnahmen aus nichtselbständiger Arbeit […] ein Arbeitnehmer-Pauschbetrag von 1000 € […] [17]

Sommerweizen erinnert sich an die letzte Einkommensteuerberechnung, die ihm sein Steuerberater zeigte. Diese beinhaltete auch die Berechnung der Einkünfte aus nichtselbständiger Arbeit:

Beispiel 3.6.2.1.a – Einkünfte aus nichtselbständiger Arbeit
Carlotta Sommerweizen (Carlos Gattin) ist bei Rechtsanwalt Helmut Ehrlich als Rechtsanwaltsfachangestellte seit vielen Jahren beschäftigt. Das Bruttogehalt bezog Carlotta in Höhe von 30.000,00 €. Ihre *Einkünfte aus nichtselbständiger Arbeit* errechnete Steuerberater Glaube nach der vorgenannten Formel: Einnahmen minus Werbungskosten.

Carlotta entstanden im Jahr 00 folgende Kosten in Zusammenhang mit ihrer Angestelltentätigkeit:
- Fahrten zwischen Wohnung und Arbeitsstätte mit dem eigenen Pkw an 200 Arbeitstagen. Die Gesamtkilometerzahl pro Tag beträgt 50
- Fachliteratur: 50,00 € (brutto)
- Modernes Seidenkostüm: Wert 320,00 € (brutto), 268,91 € (netto)

Carlo rechnet nach und kommt ebenfalls – wie Steuerberater Glaube – zu folgendem Ergebnis (Tab. 3.2):

Tab. 3.2 Berechnung Einkünfte aus nichtselbständiger Arbeit

Vorgang	EUR (€)	EUR (€)
Einnahmen (§ 8 EStG)	–	30.000,00
./. Werbungskosten (§ 9 EStG)	–	–
Fahrten zwischen Wohnung und Arbeitsstätte: 0,30 € × 25 km (nur einfache Entfernung!) × 200 Tage	1500,00	–
Fachliteratur	50,00	–
Seidenkostüm (keine typische Berufskleidung)	*0,00*	1550,00
=Einkünfte aus nichtselbständiger Arbeit	–	28.450,00

▶ Liegen die tatsächlichen Werbungskosten unterhalb des Werbungskosten-Pauschbetrages in Höhe von 1000,00 €, so ist dieser von den erzielten Einnahmen in Abzug zu bringen.

Carlo rechnet zu Übungszwecken das vorgenannte Beispiel mit dem Pauschbetrag – also ohne Abzug der tatsächlichen Werbungskosten.

Beispiel 3.6.2.1.b – Einkünfte aus nichtselbständiger Arbeit (Pauschbetrag)
Abwandlung zum vorherigen Beispiel 3.6.2.1.a:
Carlotta sind keine Fahrtkosten zwischen Wohnung und Arbeitsstätte entstanden. Alle übrigen Sachverhaltsmerkmale bleiben weiterhin vorhanden (Tab. 3.3).

3.6.2.2 Einkünfte aus Kapitalvermögen (§ 20 EStG)

Sommerweizen interessiert sich nun natürlich auch für die *Einkünfte aus Kapitalvermögen*, die ihm sein Freund Rolf erläutert:
Zu den Einkünften aus Kapitalvermögen zählen zum Beispiel

- Zinsen aus Sparguthaben
- Einnahmen aus der Beteiligung als typisch stiller Gesellschafter
- Dividendenerträge und andere Einnahmen ähnlicher Art.

Grundsätzlich wird – so Bruchkiste – seit 2009 die Abgeltungssteuer in Höhe von 25 % für vorgenannte Einnahmen an der (Bezugs-) Quelle abgezogen und an das Finanzamt abgeführt.

§ 32d EStG – Gesonderter Steuertarif für Einkünfte aus Kapitalvermögen
1. [1]Die Einkommensteuer für Einkünfte aus Kapitalvermögen, die nicht unter § 20 Absatz 8 fallen, beträgt 25 % [...] [20].

3.6 Berechnungsschema Einkommensteuer

Tab. 3.3 Berechnung der Einkünfte aus nichtselbständiger Arbeit (Pauschbetrag)

Vorgang	EUR (€)	EUR (€)
Einnahmen (§ 8 EStG)	–	30.000,00
./. Werbungskosten (§ 9 EStG)	–	–
Fachliteratur	50,00	–
Seidenkostüm (keine typische Berufskleidung)	0,00	–
= Summe Werbungskosten (< 1000,00 €)	50,00	–
Daher:	–	–
./. Werbungskosten-Pauschbetrag (§ 9a EStG)	–	./. 1000,00
Einkünfte aus nichtselbständiger Arbeit	–	29.000,00

Auf Wunsch ist es jedoch möglich, die *Einkünfte aus Kapitalvermögen* im Rahmen der klassischen Einkommensteuer–Veranlagung zu berücksichtigen. Dies muss dann ausdrücklich vom Steuerpflichtigen in seiner Steuererklärung – also von Carlo und seiner Gattin – beantragt werden.

§ 32d EStG – Gesonderter Steuertarif für Einkünfte aus Kapitalvermögen
[…] (6) 1*Auf Antrag* des Steuerpflichtigen werden […] die nach § 20 ermittelten Kapitaleinkünfte den Einkünften im Sinne des § 2 hinzugerechnet und der tariflichen Einkommensteuer unterworfen, wenn dies zu einer niedrigeren Einkommensteuer einschließlich Zuschlagsteuern führt *(Günstigerprüfung)* […].

Wichtig ist laut Rolfs Erläuterung der Hinweis auf den Sparer-Pauschbetrag. Er beträgt bei Einzelveranlagung 801,00 € und bei Zusammenveranlagung 1602,00 €.

§ 20 EStG
[…] (9) 1Bei der Ermittlung der *Einkünfte aus Kapitalvermögen* ist als Werbungskosten ein Betrag von *801 €* abzuziehen *(Sparer-Pauschbetrag)*; der Abzug der tatsächlichen Werbungskosten ist ausgeschlossen. 2Ehegatten, die zusammen veranlagt werden, wird ein gemeinsamer Sparer-Pauschbetrag von 1602 € gewährt […] [21].

Für die Ermittlung der Einkünfte aus Kapitalvermögen gilt (im Rahmen der Einkommensteuer-Veranlagung):

▶ Einnnahmen ./. Sparer-Pauschbetrag = Einkünfte aus Kapitalvermögen

Es ist zu beachten:

▶ Ein Abzug von tatsächlichen Werbungskosten ist also nicht mehr möglich!!

Rolf Bruchkiste wiederholt, damit es Sommerweizen nicht vergisst:
Wählt der Steuerpflichtige für seine Kapitaleinnahmen *nicht* die Berücksichtigung im Rahmen seiner Steuererklärung, so wird eine Abgeltungssteuer in Höhe von 25 % auf den Betrag *oberhalb* des Sparer-Pauschbetrages (801,00 €/1602,00 €) an der Quelle einbehalten. Damit gilt die Versteuerung – unabhängig von der Höhe des persönlichen Einkommensteuersatzes – als durchgeführt. Carlo erinnert sich:

Beispiel 3.6.2.2 – Einkünfte aus Kapitalvermögen
Die Eheleute Sommerweizen werden zusammen veranlagt. Carlo erzielte im Jahr 00 Zinserträge in Höhe von 1500,00 €, seine Gattin Carlotta in Höhe von 2000,00 €. Im Rahmen der Einkünfte aus Kapitalvermögen ergibt sich somit folgende Berechnung (Tab. 3.4):

Fortsetzung Beispiel 3.6.2.2 – Einkünfte aus Kapitalvermögen
Von den gesamten Einnahmen aus Kapitalvermögen in Höhe von 3000,00 € sind bei den Eheleuten Sommerweizen nach Abzug des gemeinsamen Sparer-Pauschbetrages Einkünfte aus Kapitalvermögen in Höhe von 1398,00 € der Einkommensteuer zu unterwerfen. Die Abgeltungssteuer spielt in diesem Fall keine Rolle.

▶ Der Ansatz des Sparer-Pauschbetrages darf niemals zu negativen Einkünften führen.

3.6.2.3 Einkünfte aus Vermietung und Verpachtung (§ 21 EStG)

Bei den *Einkünften aus Vermietung und Verpachtung* handelt es ebenfalls um eine Einkunftsquelle, bei der von den erzielten Einnahmen die (nachgewiesenen) Werbungskosten abgezogen werden.

Tab. 3.4 Berechnung Einkünfte aus Kapitalvermögen

Vorgang	Carlo/EUR	Carlotta/EUR	Gesamt/EUR
Zinserträge Carlo	1500,00	–	–
Zinserträge Carlotta	–	2000,00	–
Summe Einnahmen Carlo und Carlotta	1500,00	2000,00	3500,00
./. Sparer-Pauschbetrag	–	–	1602,00
= Einkünfte aus Kapitalvermögen	–	–	1898,00

3.6 Berechnungsschema Einkommensteuer

▶ Es gibt für diese Einkunftsart keine Werbungskosten-Pauschbeträge!

Hier wird in der Regel ein Gegenstand gegen einen Mietzins zur Nutzung überlassen. Dieses Objekt kann ein Gebäude oder eine Wohnung sein, welches sich *im Privatvermögen* des Steuerpflichtigen befindet.

Zu den Einnahmen zählen zum Beispiel:

- Kaltmiete und
- Nebenkosten (Umlagen)

Klassische Werbungskosten im Rahmen dieser Einkunftsart sind alle Kosten, welche in Zusammenhang mit der Vermietung zum Beispiele einer Immobilie anfallen können.

- Abschreibungen auf das Objekt, welches zu Mietzwecken überlassen wird,
- Versicherungen,
- Geldbeschaffungskosten,
- Instandhaltungskosten,
- Verwaltungskosten, um nur einige Beispiele aufzuführen.

Beispiel 3.6.2.3 – Einkünfte aus Vermietung und Verpachtung
Sommerweizen erzielt im Jahr 01 Einnahmen aus einem vermieteten Gebäude (Privatvermögen) in Höhe von 20.000,00 € (Warmmiete). Folgende Aufwendungen sind ihm und seiner Gattin in diesem Jahr für das Objekt entstanden:
Abschreibung 700,00 €, Zinsen für Darlehen 1000,00 €, Müllgebühren 500,00 00 €, Grundsteuer 450,00 00 €, Versicherungen 800,00 00 €, Verwaltungskosten 1500,00 00 €.
Die Kosten wurden alle per Beleg nachgewiesen (Tab. 3.5).

Die Einkünfte aus Vermietung und Verpachtung belaufen sich im Jahr 00 auf 15.050,00 00 €.

3.6.2.4 Sonstige Einkünfte (§ 22 EStG)
Die sonstigen Einkünfte sind kein „Auffang-Becken" für Einkünfte, die weder der einen noch der anderen Einkunftsart zuzuordnen sind. Sie sind begriffsmäßig enger auszulegen.

§ 22 EStG – Sonstige Einkünfte
Sonstige Einkünfte sind
1. *Einkünfte aus wiederkehrenden Bezügen,* soweit sie *nicht* zu den in § 2 Absatz 1 Nr. 1 bis 6 bezeichneten Einkunftsarten gehören [...][18]

Tab. 3.5 Berechnung Einkünfte aus Vermietung und Verpachtung (§ 21 EStG)

Vorgang	EUR (€)	EUR (€)
Einnahmen	–	20.000,00
./. Werbungskosten	–	–
Abschreibung	700,00	–
Zinsen für Darlehen	1000,00	–
Müllgebühren	500,00	–
Grundsteuer	450,00	–
Versicherungen	800,00	–
Verwaltungskosten	1500,00	4950,00
= Einkünfte aus Vermietung und Verpachtung	–	15.050,00

Hierzu zählen beispielsweise

- Altersrenten
- Einkünfte aus privaten Veräußerungsgeschäften (früher: Spekulationsgeschäfte)
- Entschädigungen
- Übergangsgelder und anderes.

▶ *Pensionen* sind keine Altersrenten und werden als Bezüge aus einem ehemaligen aktiven Dienstverhältnis den Einkünften aus nichtselbständiger Arbeit nach § 19 EStG zugeordnet. Es handelt sich hierbei um sogenannte *Versorgungsbezüge*.

Da Carlo zurzeit keine Einnahmen aus dieser Quelle bezieht, verzichtet Rolf auf die weitere Darstellung dieser Einkunftsart.

3.7 Bemessungsgrundlage der Einkommensteuer

Nun möchte Carlo noch wissen, wie die Bemessungsgrundlage der Einkommensteuer berechnet wird. Rolf erklärt ihm, dass die Bemessungsgrundlage der Einkommensteuer das *zu versteuernde Einkommen* ist. Es ist die Basis, auf der die Steuerschuld berechnet wird.

Beispiel 3.7 – Berechnung des zu versteuernden Einkommens
Carlos Freund Florian Gütlich (Einzelunternehmer, ledig, keine Kinder) hat im Jahr 01 einen Gewinn aus Gewerbebetrieb im Sinne des § 15 EStG in Höhe von 50.200,00 €. Weitere Einkünfte hat er nicht. Es gibt auch keine Angaben

Tab. 3.6 Ermittlung des zu versteuernden Einkommens

Vorgang	EUR (€)
Einkünfte aus Gewerbebetrieb	50.200,00
= *Summe der Einkünfte*	*50.200,00*
= *Gesamtbetrag der Einkünfte*	*50.200,00*
./. Sonderausgaben	./. *1170,00*
Einkommen	49.030,00
zu versteuerndes Einkommen	49.030,00

zu außergewöhnlichen Belastungen. Die Sonderausgaben belaufen sich auf 1170,00 € (Tab. 3.6).

Das zu versteuernde Einkommen (= Bemessungsgrundlage) von Florian Gütlich beträgt 49.030,00 € für das Jahr 01.

3.8 Berechnung der Einkommensteuer-Schuld

Die Höhe der Einkommensteuer-Schuld berechnet sich nach dem zu versteuernden Einkommen.

Beispiel 3.8 – Berechnung der Steuerschuld/- nachzahlung
Florian Gütlich wird aufgrund seiner persönlichen Situation als Single nach der Grundtabelle versteuert. Sein Grenzsteuersatz soll im vorliegenden Fall 40 % betragen. Die Vorauszahlungen wurden wie folgt geleistet: Einkommensteuer-Vorauszahlungen 12.500,00 €, Kirchensteuer-Vorauszahlungen 650,00 € und Vorauszahlung auf den Solidaritätszuschlag 245,00 €.
Berechnungshinweise:
Kirchensteuer: 9 % der Einkommensteuer (12.430,00) = 1 118,70 €
Solidaritätszuschlag: 5,5 % der Einkommensteuer (12.430,00) = 683,65 €
(Tab. 3.7)

Florian Gütlich muss für das Jahr 01 insgesamt eine Steuernachzahlung in Höhe von 977,35 € vornehmen.
Auf die Darstellung der Anrechnung des Gewerbesteuer-Messbetrages nach § 35 EStG wird verzichtet.

Tab. 3.7 Berechnung der Einkommensteuer-Schuld/-nachzahlung

Vorgang	Einkommensteuer/ EUR	Kirchensteuer/ EUR	Solidaritätszuschl./ EUR
Festzusetzende Steuer	12.430,00	1118,70	683,65
./. Vorauszahlungen	./. 12.360,00	./. 650,00	./. 245,00
Steuernachzahlung	70,00	468,70	438,65
Summe der Steuernachzahlung	(70 + 468,70 + 438,65)	=	977,35

3.9 Zusammenfassende Lernkontrolle

3.9.1 Kontrollfragen

1. Nennen Sie mindestens 3 Wesensmerkmale der Einkommensteuer.
2. Wie heißt die Bemessungsgrundlage der Einkommensteuer?
3. Wo ist die unbeschränkte Steuerpflicht im Einkommensteuergesetz geregelt?
4. Was versteht man unter dem „Welteinkommensprinzip"?
5. Nach welcher Tabelle erfolgt die Zusammenveranlagung bei Ehegatten?
6. Wie viele Überschusseinkunftsarten gibt es im Sinne des § 2 EStG?
7. Nennen Sie bitte 2 Gewinnermittlungsmethoden.
8. Wo ist der Begriff der Werbungskosten definiert?
9. Was sind typische Werbungskosten bei den Einkünften aus nichtselbständiger Arbeit?
10. Nennen Sie bitte einen anderen Begriff für *geldwerten Vorteil*.

3.9.2 Lösungen zu den Kontrollfragen

1. zum Beispiel: Besitzsteuer, Personensteuer, Gemeinschaftssteuer, direkte Steuer, Ertragsteuer
2. Zu versteuerndes Einkommen
3. § 1 EStG
4. Alle Einkünfte auf der ganzen Welt müssen im Falle einer unbeschränkten Steuerpflicht in Deutschland der Einkommensteuer unterworfen werden.
5. Splitting-Tabelle

6. 4
7. Schätzung im Sinne des § 162 AO und der Betriebsvermögensvergleich nach § 4 (1) EStG
8. § 9 EStG
9. Fachliteratur, Arbeitsmittel, Fahrtkosten, Gewerkschaftsbeiträge etc.
10. Sachbezug

3.10 Übungen

3.10.1 Übungsaufgaben

1. Geben Sie im Folgenden bitte an, ob es sich um Betriebsausgaben (BA), Werbungskosten (WK) oder Aufwand für die private Lebensführung (ApL) handelt.
   a) AfA (Absetzung für Abnutzung) für eine betriebliche Maschine
   b) private Telefongebühren
   c) Hundesteuer für einen Pudel
   d) Gewerkschaftsbeitrag
   e) Steuerberatungskosten für Erstellung der Umsatzsteuer-Voranmeldung

2. Manfred Mustermann (Gewerbetreibender) überlässt seiner Bank Kapital und erhält hierfür einen Zinsertrag in Höhe von 10.000,00 €. Kosten entstehen ihm hierfür nicht. Wie werden die Zinserträge steuerlich behandelt, wenn das zur Nutzung überlassene Kapital zum
   a) Betriebsvermögen
   b) Privatvermögen
   gehört?

3. Carlotta Sommerweizen (Carlos Gattin) ist bei Rechtsanwalt Helmut Ehrlich als Rechtsanwaltsfachangestellte seit mehr als 11 Jahren beschäftigt. Das Bruttogehalt bezieht Carlotta in Höhe von mittlerweile 31.500,00 €. Ihre *Einkünfte aus nichtselbständiger Arbeit* errechnet Steuerberater Glaube nach der Formel: *Einnahmen* minus Werbungskosten.

Carlotta entstanden im Jahr 04 folgende Kosten in Zusammenhang mit ihrer Angestelltentätigkeit:

a. Fahrten zwischen Wohnung und Arbeitsstätte mit dem eigenen Pkw an 210 Arbeitstagen. Die Gesamtkilometerzahl pro Tag: 50
b. Fachliteratur: 150,00 € (brutto)
c. Seidenkostüm: Wert 280,00 € (brutto), 235,29 € (netto)

Wie hoch sind die Einkünfte aus nichtselbständiger Arbeit? Berechnen Sie diese Größe bitte nachvollziehbar. Hinweis: Alle erforderlichen Belege liegen vor.

3.10.2 Lösungen zu den Übungsaufgaben

1. Geben Sie im Folgenden bitte an, ob es sich um Betriebsausgaben (BA), Werbungskosten (WK) oder Aufwand für die private Lebensführung (ApL) handelt.
   a. AfA (Absetzung für Abnutzung) für eine betriebliche Maschine (BA)
   b. private Telefongebühren (ApL)
   c. Hundesteuer für einen Pudel (ApL)
   d. Gewerkschaftsbeitrag (WK)
   e. Steuerberatungskosten für Erstellung der Umsatzsteuer-Voranmeldung
2. a) Betriebsvermögen: Zinserträge gehören nach dem Subsidiaritätsprinzip § 20 (8) EStG zu den Einnahmen aus Gewerbebetrieb (§ 15 EStG)
   b) Privatvermögen: Zinserträge zählen zu den Einkünften aus Kapitalvermögen (§ 20 EStG).
3. Die Einkünfte auch nichtselbständiger Arbeit berechnet sich wie folgt (Tab. 3.8):

Ein Ansatz des Werbungskosten-Pauschbetrages erfolgt nicht, da die tatsächlichen, per Beleg nachgewiesenen, Kosten höher sind.

Tab. 3.8 Berechnung der Einkünfte aus nichtselbständiger Arbeit

Vorgang	EUR (€)	EUR (€)
Einnahmen (§ 8 EStG)	–	31.500,00
./. Werbungskosten	–	–
a. Fahrten 210 Tage × 0,30 € × 25 km	1575,00	–
b. Fachliteratur	150,00	–
c. Seidenkostüm	Keine Berücksichtigung	–
= Summe der Werbungskosten	1725,00	–
./. Abzug Werbungskosten	–	1725,00
= Einkünfte aus nichtselbständiger Arbeit (§ 19 EStG)	–	29.775,00

Literatur

1. https://www.bundesfinanzministerium.de/Content/DE/Standardartikel/Themen/Steuern/Steuerschaetzungen_und_Steuereinnahmen/1-kassenmaessige-steuereinnahmen-nach-steuerarten-und-gebietskoerperschaften.html. Zugegriffen am 12.10.2019
2. http://www.gesetze-im-internet.de/ao_1977/__8.html. Zugegriffen am 12.04.2015
3. http://www.gesetze-im-internet.de/ao_1977/__9.html. Zugegriffen am 12.04.2015
4. http://www.gesetze-im-internet.de/estg/__8.html. Zugegriffen am 12.04.2015
5. http://www.gesetze-im-internet.de/estg/__9.html. Zugegriffen am 12.04.2015
6. http://www.gesetze-im-internet.de/estg/__1.html. Zugegriffen am 16.05.2016
7. http://www.gesetze-im-internet.de/estg/__25.html. Zugegriffen am 12.04.2015
8. http://www.gesetze-im-internet.de/estg/__26b.html. Zugegriffen am 12.04.2015
9. http://www.gesetze-im-internet.de/estg/__26a.html. Zugegriffen am 12.04.2015
10. http://www.gesetze-im-internet.de/estg/__32a.html. Zugegriffen am 12.04.2015
11. http://www.gesetze-im-internet.de/estg/__2.html. Zugegriffen am 12.04.2015
12. http://www.gesetze-im-internet.de/estg/__13.html. Zugegriffen am 12.04.2015
13. http://www.gesetze-im-internet.de/estg/__15.html. Zugegriffen am 12.04.2015
14. http://www.gesetze-im-internet.de/estg/__18.htm. Zugegriffen am 12.04.2015
15. http://www.gesetze-im-internet.de/estg/__11.html. Zugegriffen am 12.04.2015
16. http://www.gesetze-im-internet.de/ao_1977/__162.html. Zugegriffen am 12.04.2015
17. http://www.gesetze-im-internet.de/estg/__9a.html. Zugegriffen am 12.04.2015
18. http://www.gesetze-im-internet.de/estg/__22.html. Zugegriffen am 12.04.2015
19. http://www.gesetze-im-internet.de/estg/__26.html. Zugegriffen am 12.04.2015
20. http://www.gesetze-im-internet.de/estg/__32d.html. Zugegriffen am 12.04.2015
21. http://www.gesetze-im-internet.de/estg/__20.html. Zugegriffen am 12.04.2015
22. http://www.gesetze-im-internet.de/estg/__49.html; Zugriff am 12.10.2019
23. http://www.gesetze-im-internet.de/gg/art_106.html; Zugegriffen am 12.10.2019
24. http://www.gesetze-im-internet.de/estg/__4.html und http://www.gesetze-im-internet.de/estg/__5.html. Zugegriffen am 04.05.2015
25. http://www.gesetze-im-internet.de/estg/__19.html. Zugegriffen am 12.10.2019
26. http://www.gesetze-im-internet.de/estg/__21.html. Zugegriffen am 12.10.2019
27. http://www.gesetze-im-internet.de/estg/__35.html. Zugegriffen am 04.05.2015
28. https://www.gesetze-im-internet.de/gg/art_106.html. Zugegriffen am 16.05.2016

Körperschaftsteuer 4

Zusammenfassung

Sommerweizen möchte auch rein informativ wissen, was es mit der Körperschaftsteuer auf sich hat. Obwohl er als Einzelunternehmer nicht direkt etwas mit dieser Steuerart zu tun hat, weiß er, dass sich dies eventuell schnell ändern kann: nämlich dann, wenn aus seinem Einzelunternehmen zum Beispiel eine GmbH (Gesellschaft mit beschränkter Haftung) wird. Der Jungunternehmer informiert sich über die allgemeinen Merkmale und Definitionen, die in Zusammenhang mit dieser Steuerart stehen, sowie die Steuerbarkeit und Steuerfreiheit von maßgeblichen Umsätzen. Am Ende seiner Recherche kann er das zu versteuernde Einkommen als Bemessungsgrundlage zur Ermittlung der Körperschaftsteuer nach einfachem Schema (ohne Besonderheiten) berechnen.

Sommerweizen hatte sich vor Beginn seiner unternehmerischen Tätigkeit auch schon einmal überlegt, ob er anstatt eines Einzelunternehmens, sein Unternehmen in Form einer GmbH (Gesellschaft mit beschränkter Haftung) hätte führen sollen. Dies hätte zur Folge gehabt, dass seine Gewinne anstatt der Einkommensteuer der Körperschaftsteuer unterlegen hätten.

Obwohl er diesbezüglich nun mit seinem Einzelunternehmen sehr zufrieden ist, wohlwissend, dass er mit Betriebs- und Privatvermögen voll haftet, entscheidet er, sich auch einige Kenntnisse im Hinblick auf die Körperschaftsteuer anzueignen. Schließlich weiß er ja nicht, ob er eventuell zu einem späteren Zeitpunkt seines Unternehmerdaseins die Rechtsform ändern möchte.

© Springer Fachmedien Wiesbaden GmbH, ein Teil von Springer Nature 2019
K. Nickenig, *Praxislehrbuch Steuerrecht*,
https://doi.org/10.1007/978-3-658-26832-9_4

Sommerweizen informiert sich zunächst auch bei dieser Steuerart über die Wesensmerkmale, die wichtigen Begriffsdefinitionen und schlussendlich über die Berechnung der Steuerschuld.

4.1 Wesensmerkmale

Die Körperschaftsteuer auch häufig als „Einkommensteuer der Körperschaften" bezeichnet, ist geprägt durch folgende Merkmale:

- Personensteuer
- Veranlagungssteuer
- Gemeinschaftssteuer
- Besitzsteuer
- direkte Steuer
- Steuer als konstante Einnahme-Quelle

Als *Personensteuer* wird die Körperschaftsteuer bezeichnet, da sie die wirtschaftliche Leistungsfähigkeit einer *juristischen Person* besteuert. Zu den juristischen Personen zählen zum Beispiel die Gesellschaft mit beschränkter Haftung (GmbH), die Aktiengesellschaft (AG), die Unternehmergesellschaft (UG) oder die Kommanditgesellschaft auf Aktien (KGaA).

Die Körperschaftsteuer gehört, wie die Einkommensteuer, zur Gruppe der *Veranlagungssteuern*. Die Körperschaftsteuer-Erklärung muss jährlich beim zuständigen Finanzamt eingereicht werden. Die Steuer wird in einem förmlichen Veranlagungsverfahren festgesetzt.

Sie gehört zur Gruppe der *Gemeinschaftssteuern* und steht Bund und Ländern zu je 50 % zu (Art. 106 (3) GG)

Die Körperschaftsteuer hat das Merkmal einer *Besitzsteuer*, welche auf der Basis des *zu versteuernden Einkommens* der juristischen Person berechnet wird.

Als *direkte Steuer* wird die Körperschaftsteuer nicht nur von der juristischen Person geschuldet, sondern auch wirtschaftlich getragen. Steuerschuldner und Steuerträger sind identisch.

Die Höhe der Einnahmen aus der Versteuerung von Körperschaften in Höhe von 29,3 Mrd. € in 2017 stieg im Jahr 2018 auf ca. 33,4 Mrd. € an. Die Körperschaftsteuer selbst zählt mit einem Anteil von ca. 4,68 % an den Gesamtsteuer-Einnahmen zu denjenigen mit einem relativ stabilen Anteil, der aber im Vergleich zur Umsatzsteuer (ca. 32,9 %) wesentlich niedriger ausfällt [2]

Für die Berechnung der Körperschaftsteuerschuld werden sowohl die Vorschriften des Körperschaftsteuergesetzes (KStG), der Durchführungsverordnung (KStDV) und der Körperschaftsteuerrichtlinien (KStR), als auch die des Einkommensteuergesetzes (EStG) herangezogen:

§ 8 KStG – Ermittlung des Einkommens
1. [1]Was als Einkommen gilt und wie das Einkommen zu ermitteln ist, bestimmt sich nach den *Vorschriften des Einkommensteuergesetzes und dieses Gesetzes*. [...] [1]

4.2 Einkunftsart

Im Gegensatz zum Einkommensteuerrecht (7 Einkunftsarten nach § 2 (1) EStG) kennt das Körperschaftsteuerrecht nur 1 Einkunftsart: Einkünfte aus Gewerbebetrieb:

§ 8 KStG – Ermittlung des Einkommens
[...] (2) Bei unbeschränkt Steuerpflichtigen im Sinne des § 1 Abs. 1 Nr. 1 bis 3 sind alle Einkünfte als *Einkünfte aus Gewerbebetrieb* zu behandeln. [...] [1]

4.3 Beginn und Ende der Körperschaftsteuer-Pflicht

4.3.1 Beginn der Körperschaftsteuer-Pflicht

Die Körperschaftsteuer-Pflicht beginnt mit Abschluss des notariellen Gesellschaftervertrages oder durch die notarielle Feststellung der Satzung.

▶ Die Körperschaftsteuerpflicht beginnt *nicht* erst mit Eintragung der Gesellschaft ins Handelsregister.

4.3.2 Ende der Körperschaftsteuer-Pflicht

Die Körperschaftsteuer-Pflicht endet, wenn das noch vorhandene Vermögen veräußert und die Liquidation (Auflösung des Unternehmens) rechtmäßig abgeschlossen ist

▶ Die Körperschaftsteuer-Pflicht endet *nicht* erst durch Löschung des Eintrages im Handelsregister.

4.4 Wichtige Definitionen

▶ **Handelsregister** Das Handelsregister ist das öffentliche Verzeichnis aller Kaufleute innerhalb eines Amtsgerichtsbezirkes. Es wird vom zuständigen Amtsgericht in 2 Abteilungen geführt. Abteilung A beinhaltet die Einzelunternehmen und Personengesellschaften, Abteilung B die Kapitalgesellschaften.

Juristische Person
Als juristische Personen bezeichnet man Unternehmen, die eigene Rechts- und Geschäftsfähigkeit besitzen. Hierzu zählen beispielsweise Kapitalgesellschaften wie die GmbH, AG und UG.

Körperschaftsteuer-Tarif
Unter Körperschaftsteuer-Tarif versteht man den Steuersatz, welcher auf die Bemessungsgrundlage (zu versteuerndes Einkommen) angewendet wird, um die Körperschaftsteuerschuld zu ermitteln.

vGA
kurz für: verdeckte Gewinnausschüttung. Die verdeckte Gewinnausschüttung ist eine Vermögensminderung beziehungsweise eine verhinderte Vermögensmehrung einer Kapitalgesellschaft, die das Eigenkapital beeinflusst. Sie ist durch ein Gesellschafterverhältnis begründet und beruht nicht auf einem offenen Gewinnverwendungsbeschluss.

Welteinkommensprinzip
auch: Welteinkünfteprinzip. Es besagt, dass sowohl alle inländischen als auch ausländischen Einkünfte im Inland zu versteuern sind, sofern unbeschränkte Steuerpflicht vorliegt.

Zu versteuerndes Einkommen
Das zu versteuernde Einkommen ist die Bemessungsgrundlage (Basis) zur Ermittlung der Einkommen- und Körperschaftsteuer.

4.5 Steuerpflicht

Das Körperschaftsteuerrecht unterscheidet zwischen unbeschränkter und beschränkter Steuerpflicht.

4.5 Steuerpflicht

4.5.1 Unbeschränkte Steuerpflicht

Die unbeschränkte Steuerpflicht ist gesetzlich geregelt im § 1 KStG:

§ 1 KStG – Unbeschränkte Steuerpflicht
1. *Unbeschränkt körperschaftsteuerpflichtig* sind die folgenden Körperschaften, Personenvereinigungen und Vermögensmassen, die ihre *Geschäftsleitung* oder ihren *Sitz* im Inland haben:
   1. Kapitalgesellschaften (insbesondere Europäische Gesellschaften, Aktiengesellschaften, Kommanditgesellschaften auf Aktien, Gesellschaften mit beschränkter Haftung) [...]
2. Die unbeschränkte Körperschaftsteuerpflicht erstreckt sich auf *sämtliche Einkünfte*. [...] [3]

Sommerweizen erkennt aufgrund seiner neu erworbenen Kenntnisse, dass – genau wie im Rahmen der Einkommensteuer – alle Einkünfte einer Kapitalgesellschaft nach dem *Welteinkommensprinzip* der deutschen Einkommensteuer zu unterwerfen sind, sofern § 1 (1) KStG greift und die Kapitalgesellschaft die *Geschäftsleitung* oder ihren *Sitz* im Inland hat.

Sommerweizen ist es noch nicht so ganz klar, wo der Unterschied zwischen *Sitz* und *Geschäftsleitung* liegt und fragt seinen Freund Rolf.

Dieser hat wie immer eine passende Antwort parat. Er verweist auf zwei wichtige Vorschriften der Abgabenordnung, welche die gewünschte Antwort liefern. Zunächst die Definition der *Geschäftsleitung*:

§ 10 AO – Geschäftsleitung
Geschäftsleitung ist der Mittelpunkt der geschäftlichen Oberleitung.

> **Beispiel 4.5.1.a – Geschäftsleitung**
> Die Sauerbier GmbH (Handel mit Windschutzscheiben) hat in Bern (Schweiz) ihre *Geschäftsleitung*. Gleichzeitig sind in Basel noch mehrere Filialen zu finden.
>
> In Deutschland ist die Sauerbier GmbH nicht unbeschränkt steuerpflichtig, da sie die Voraussetzung des § 1 (1) KStG nicht erfüllt. Es mangelt am Ort der Geschäftsleitung bzw. des Sitzes.

Jetzt möchte Sommerweizen noch wissen, wie der *Sitz* eines Unternehmens definiert ist. Bruchkiste zitiert wieder die Abgabenordnung:

§ 11 AO – Sitz
Den Sitz hat eine Körperschaft, Personenvereinigung oder Vermögensmasse an dem Ort, der durch Gesetz, Gesellschaftsvertrag, Satzung, Stiftungsgeschäft oder dergleichen bestimmt ist.

Beispiel 4.5.1.b – Sitz
Die Kupfer AG hat in Koblenz (Deutschland) ihren *Sitz*. Dies ist auch in der Satzung verankert.

Da sich der Sitz der AG in Deutschland befindet, ist die Kapitalgesellschaft nach § 1 (1) KStG im Inland unbeschränkt steuerpflichtig. Es sind alle Einkünfte der Körperschaftsteuer zu unterwerfen (*Welteinkommensprinzip*).

4.5.2 Beschränkte Steuerpflicht

Beschränkt steuerpflichtig sind alle diejenigen Unternehmen, welche im Inland Einkünfte erzielen, ohne den Sitz oder die Geschäftsleitung im Inland zu haben.

§ 2 KStG – Beschränkte Steuerpflicht
Beschränkt körperschaftsteuerpflichtig sind

1. Körperschaften, Personenvereinigungen und Vermögensmassen, die *weder ihre Geschäftsleitung noch ihren Sitz im Inland* haben, mit ihren inländischen Einkünften [...] [4]

Es greift nicht das Welteinkommensprinzip, da hier lediglich die Situation *der beschränkten Steuerpflicht* vorliegt. Das heißt:

▶ Nur die *inländischen* Einkünfte (§ 49 EStG) unterliegen bei beschränkt steuerpflichtigen Unternehmern der Körperschaftsteuer.

Beispiel 4.5.2 – Beschränkte Steuerpflicht
Die Sauerbier GmbH hat Sitz und Geschäftsleitung in der Schweiz. In Deutschland erzielte sie bei der Sparbank im vergangenen Jahr erstmals Zinserträge aus einer Geldanlage.

Nur die inländischen Einkünfte – also die Zinserträge – unterliegen der Körperschaftsteuer.

4.6 Körperschaftsteuer-Tarif

Wie bereits unter Abschn. 4.4 *Wichtige Definitionen* dargestellt, handelt es sich bei dem *Körperschaftsteuer-Tarif* um den *Körperschaftsteuersatz,* welcher auf die Bemessungsgrundlage angewendet wird. Die Bemessungsgrundlage stellt die Basis zur Berechnung der Körperschaftsteuer-Schuld dar. Sie ist – wie bei der Einkommensteuer – das so genannte *zu versteuernde Einkommen.*
Im Gegensatz zur Einkommensteuer gibt es nur einen einheitlichen Steuersatz: 15 %.

Wird die Einkommensteuer im Zuge einer Änderung des Gesetzes erhöht oder herabgesetzt, so wird sich dieses ebenso auf die Körperschaftsteuer auswirken:

§ 23 KStG – Steuersatz
1. Die Körperschaftsteuer beträgt *15 %* des *zu versteuernden Einkommens.*

2. Wird die Einkommensteuer [...] herabgesetzt oder erhöht, so ermäßigt oder erhöht sich die Körperschaftsteuer entsprechend. [5]

4.7 Steuerfreie Umsätze

Carlo Sommerweizen weiß nun aufgrund seiner Fortbildung: Nicht alle juristischen Personen erzielen körperschaftsteuerpflichtige Umsätze. Man unterscheidet grundsätzlich zwischen denjenigen Unternehmen, deren *Umsätze insgesamt steuerbefreit* sind und den juristischen Personen, die aufgrund ihrer Gemeinnützigkeit eventuell *nur zum Teil* von der Steuerpflicht befreit sind. Diese Situation ist dann gegeben, wenn sie einen *Betrieb gewerblicher Art* unterhalten.

4.7.1 Unbeschränkte Steuerfreiheit

Unbeschränkt steuerbefreit sind gemäß § 5 (1) KStG zum Beispiel folgende Einrichtungen:

- das Bundeseisenbahnvermögen,
- die Monopolverwaltungen des Bundes,
- die staatlichen Lotterieunternehmen und der Erdölbevorratungsverband [...]
- die deutsche Bundesbank,

- die Kreditanstalt für Wiederaufbau
- die Landwirtschaftliche Rentenbank
- und viele mehr

4.7.2 Eingeschränkte Steuerfreiheit

Juristische Personen, welche durch ihre *Gemeinnützigkeit* gekennzeichnet sind, gehören grundsätzlich zu den *steuerbefreiten Körperschaften*. Ausnahmen finden sich bei der Unterhaltung eines wirtschaftlichen Geschäftsbetriebes:

> **§ 14 AO – Wirtschaftlicher Geschäftsbetrieb**
> Ein *wirtschaftlicher Geschäftsbetrieb* ist eine *selbständige nachhaltige Tätigkeit*, durch die Einnahmen oder andere wirtschaftliche Vorteile erzielt werden und die über den Rahmen einer Vermögensverwaltung hinausgeht. Die Absicht, Gewinn zu erzielen, ist nicht erforderlich. [...] [6]

Zur Verdeutlichung soll nachfolgendes Beispiel des gemeinnützigen Fußballvereins Kloppi e. V. dienen, wo Sommerweizen seit vergangenem Sommer aktives Thekenmitglied ist:

Beispiel 4.7.2 – Wirtschaftlicher Geschäftsbetrieb
Sommerweizen geht in der Fußballsaison gerne samstags auf ein gepflegtes Bier in das Vereinshaus von Kloppi e. V. Hier unterhält er sich mit dem verantwortlichen Buchhalter Pfeifer, um einige Wissensfragen zu klären. So möchte er gerne wissen, ob ein Verein denn auch Steuern zahlen müsse, wenn er gemeinnützig ist. Dies könne durchaus sein, erklärt ihm Pfeifer.
Die Ausgabe von Speisen und Getränke im Vereinshaus sind nämlich nicht Teil der eigentlichen gemeinnützigen Tätigkeit eines Vereins, auch nicht von Kloppi e. V. Er wird für diesen Part als Gewerbebetrieb (wirtschaftlicher Geschäftsbetrieb) angesehen, welcher körperschaftsteuerpflichtig ist.
Dabei ist es unerheblich, ob die Absicht, Gewinn zu erzielen besteht oder nicht. Es reicht die Absicht der Einnahmenerzielung.
Sommerweizen ist erstaunt und möchte wissen, wo er das im Gesetz findet. Pfeifer verweist auf das Körperschaftsteuergesetz.

Hier heißt es:

§ 5 KStG – Befreiungen

[...] (1) Nr. 9 [...] ²Wird ein *wirtschaftlicher Geschäftsbetrieb* unterhalten, ist die Steuerbefreiung insoweit ausgeschlossen. [...] [7]

Pfeifer weist aber darauf hin, dass aber nur Bruttoumsätze von *mehr als 35.000,00 €* bei wirtschaftlichen Geschäftsbetrieben zur Körperschaftsteuer herangezogen werden:

§ 64 AO – Steuerpflichtige wirtschaftliche Geschäftsbetriebe

[...] (3) Übersteigen die Einnahmen einschließlich Umsatzsteuer aus wirtschaftlichen Geschäftsbetrieben, [...] insgesamt nicht 35.000 € im Jahr, so unterliegen die diesen Geschäftsbetrieben zuzuordnenden Besteuerungsgrundlagen nicht der Körperschaftsteuer und der Gewerbesteuer. [...] [8]

Pfeifer fügt ergänzend hinzu, dass je nach Körperschaft der Abzug eines Freibetrages von 5000,00 € möglich ist (§ 24 S. 1 KStG).

▶ Achtung: Mitgliedsbeiträge sind steuerfrei § 5 (1) Nr. 9 S. 1 KStG

4.8 Berechnungsschema Körperschaftsteuer

Das (stark vereinfachte) Berechnungsschema der Körperschaftsteuer, welches sich Sommerweizen von seinem Freund Rolf Bruchkiste nach seiner Rückkehr erklären lässt, sieht wie folgt aus: [9] (Tab. 4.1)

Sommerweizen möchte nun noch gerne wissen, wie denn nun die endgültige Steuerschuld berechnet wird. Dies kann ihm Bruchkiste ohne Probleme erklären. Mit Hilfe des zu versteuernden Einkommens wird nun die tarifliche Körperschaftsteuer ermittelt: (Tab. 4.2)

Das nachfolgende Beispiel soll dem besseren Verständnis dieser Berechnung dienen.

Beispiel 4.8 – Berechnung des zu versteuernden Einkommens (Körperschaftsteuer)

Sommerweizen überlegt, nachdem er sich diese Berechnung angeschaut hat, wie sein Unternehmerkollege Walter Schultz (GmbH in Neustadt) die Körperschaftsteuer berechnet. Dieser hat ihm beim Stammtisch seine Jahresabschlussunterlagen gezeigt, die er vom Steuerberater per Post zurückbekommen hat. Schultz

Tab. 4.1 Allgemeines Berechnungsschema Körperschaftsteuer

	Handelsrechtliches Ergebnis
+	steuerliche Korrekturen (§ 5 EStG und § 60 (2) EStDV)
=	Steuerrechtliches Ergebnis
+	verdeckte Gewinnausschüttungen (§ 8 (3) KStG)
./.	Verdeckte Einlagen
+	nicht abziehbare Aufwendungen (§ 4 (5b) EStG und § 10 KStG)
+	nicht abzugsfähige Betriebsausgaben (§ 4 (5) EStG)
+	Gesamtbetrag von Zuwendungen (zum Beispiel: Spenden)
+	Korrektur steuerfreie Einnahmen
=	Steuerlicher Gewinn
./.	Abzugsfähige Aufwendungen (zum Beispiel: Spenden)
=	Gesamtbetrag der Einkünfte
./.	Verlustabzug (zum Beispiel § 10d EStG)
=	Einkommen
./.	Freibeträge (§§ 24 f. KStG)
=	Zu versteuerndes Einkommen

Tab. 4.2 Berechnung der Körperschaftsteuerschuld

	Zu versteuerndes Einkommen
+	Tarifbelastung
=	Tarifliche Körperschaftsteuer
./.	Anzurechnende ausländische Steuern
=	Festzusetzende Körperschaftsteuer
./.	Körperschaftsteuer-Vorauszahlungen
./.	Anzurechnende Kapitalertragsteuer
=	Körperschaftsteuer-Nachzahlung bzw. -Erstattung

hatte im letzten Jahr einen vorläufigen handelsrechtlichen Jahresüberschuss in Höhe von 160.320,00 € erzielt. Zu den Aufwendungen der Schultz GmbH zählen Zuwendungen für gemeinnützige Zwecke (2000,00 €), Geldbußen (200,00 €) und Geschenke über 35,00 € in Höhe von 150,00 €. Die vorgenannten Beträge sind alle im Ergebnis (160.320,00 €) als Betriebsausgabe enthalten. Ebenso auch die Körperschaftsteuer-Vorauszahlungen in Höhe von 15.000,00 €.

Beide versuchen die Berechnung des Steuerberaters nachzuvollziehen: (Tab. 4.3)

Fortsetzung Sachverhalt

Das zu versteuernde Einkommen wird multipliziert mit 15 % (Körperschaftsteuer-Tarif), um die Körperschaftsteuerschuld zu ermitteln: 175.670,00 × 15 % = 26.350,50 €

Tab. 4.3 Berechnung des zu versteuernden Einkommens (Körperschaftsteuer)

	Vorgang	EUR (€)
	Vorläufiger handelsrechtlicher Jahresabschluss	*160.320,00*
=	Steuerlicher Gewinn	160.320,00
+	Nicht abziehbare Aufwendungen (§ 4 (5) EStG, § 10 KStG)	–
	Geschenke über 35,00 €	150,00
	Geldbußen	200,00
	Körperschaftsteuer-Vorauszahlungen	15.000,00
+	Zuwendungen für gemeinnützige Zwecke	*2000,00*
=	Summe der Einkünfte	177.670,00
./.	Abziehbare (gemeinnützige) Zuwendungen	
	(maximal 20 % von 177.670,00 = 35.534,00 € oder gezahlter Betrag	*2000,00*
=	Zu versteuerndes Einkommen	175.670,00

Da Schultz lediglich Körperschaftsteuer-Vorauszahlungen in Höhe von 15.000,00 € geleistet hat, muss der Restbetrag (26.350,50 ./. 15.000,00 = 11.350,50 €) in den Aufwand (Rückstellungsbildung) gebucht werden.

4.9 Zusammenfassende Lernkontrolle

4.9.1 Kontrollfragen

1. Erläutern Sie bitte kurz 3 Wesensmerkmale der Körperschaftsteuer.
2. Welches Gesetz kommt bei Ermittlung der Körperschaftsteuerschuld noch zum Einsatz?
3. Wieviel Einkunftsarten kennt das Körperschaftsteuer-Recht und wie heißen diese?
4. Was besagt das *Welteinkommensprinzip?*
5. Wann zählt zum Beispiel eine Kapitalgesellschaft zu den unbeschränkt steuerpflichtigen juristischen Personen?
6. Was versteht man unter dem *Körperschaftsteuer-Tarif?*
7. Wie hoch ist der derzeitige gültige Steuersatz und wo ist er im KStG zu finden?
8. Was passiert körperschaftsteuerlich mit dem sogenannten *wirtschaftlichen Geschäftsbetrieb?*
9. Unterliegen *Mitgliedsbeiträge* eines gemeinnützigen Vereins der Körperschaftsteuerpflicht? Bitte nennen Sie die dazugehörige gesetzliche Vorschrift.

4.9.2 Lösungen zu den Kontrollfragen

1. Z. B.
 Als *Personensteuer* wird die Körperschaftsteuer bezeichnet, da sie die wirtschaftliche Leistungsfähigkeit einer juristischen Person besteuert. Zu den juristischen Personen zählen zum Beispiel die Gesellschaft mit beschränkter Haftung (GmbH), die Aktiengesellschaft (AG), die Unternehmergesellschaft (UG) oder die Kommanditgesellschaft auf Aktien (KGaA).
 Die Körperschaftsteuer gehört zur Gruppe der *Gemeinschaftssteuern* und steht Bund und Ländern zu je 50 % zu Art. 106 (3) GG
 Sie hat das Merkmal einer *Besitzsteuer*, welche auf der Basis des zu versteuernden Einkommens der juristischen Person berechnet wird.
2. EStG
3. Das Körperschaftsteuer-Recht kennt nur eine Einkunftsart: Einkünfte aus Gewerbebetrieb § 8 (2) KStG.
4. Das Welteinkünfte- oder Welteinkommensprinzip besagt, dass sowohl alle inländischen als auch alle ausländischen Einkünfte zu versteuern sind, sofern unbeschränkte Steuerpflicht vorliegt.
5. Sie gilt dann als unbeschränkt steuerpflichtig, wenn sie gemäß § 1 (1) KStG ihre Geschäftsleitung oder ihren Sitz im Inland hat.
6. Der Körperschaftsteuer-Tarif ist der Steuersatz, welcher mit dem zu versteuernden Einkommen multipliziert wird, um die Steuerschuld zu ermitteln.
7. Nach § 23 (1) KStG beträgt der Steuersatz einheitlich 15 %. Ob Gewinne ausgeschüttet oder einbehalten (thesauriert) wurden, spielt hierbei keine Rolle.
8. Der wirtschaftliche Geschäftsbetrieb ist steuerlich wie ein Gewerbebetrieb zu behandeln. Die Steuerbefreiung ist nach § 5 (9) KStG für die den wirtschaftlichen Geschäftsbetrieb ausgeschlossen.
9. Mitgliedsbeiträge sind steuerfrei § 5 (1) Nr. 9 S. 1 KStG

4.10 Übungen

4.10.1 Übungsaufgaben

1. Entscheiden Sie bitte, ob in den nachfolgenden Fällen eine unbeschränkte Körperschaftsteuer-Pflicht gemäß § 1 (1) KStG vorliegt
 a. Marl GmbH hat einen Sitz in Hongkong und London; die Geschäftsleitung befindet sich in Berlin.

4.10 Übungen

  b. Schlumpf AG hat Geschäftsleitung in Wien; keine Einkünfte im Inland
  c. Holiday AG hat Zinserträge in Deutschland; Sitz und Geschäftsleitung befinden sich in Bern (Schweiz)
  d. Lieschen Müller e.K. unterhält ein gutgehendes Ladenlokal in Hamburg.
2. Sommerweizen überlegt, nachdem er sich diese Berechnung angeschaut hat, wie sein Unternehmerkollege Schultz (GmbH) in Neustadt die Körperschaftsteuer berechnet. Dieser hat ihm beim Stammtisch seine Jahresabschlussunterlagen gezeigt, die er vom Steuerberater per Post zurückbekommen hat. Schultz hatte im letzten Jahr einen vorläufigen handelsrechtlichen Jahresüberschuss in Höhe von 140.350,00 € erzielt hat. Zu seinen Aufwendungen zählen Zuwendungen für gemeinnützige Zwecke (3000,00 €), Geldbußen (300,00 €), Geschenke über 35,00 € (brutto, 150,00 €). Die vorgenannten Beträge sind alle im Ergebnis (140.350,00 €) als Betriebsausgabe enthalten. Ebenso auch die Körperschaftsteuer-Vorauszahlungen in Höhe von 11.000,00 €.
   Bitte berechnen Sie nachvollziehbar die Steuerschuld.
3. Was versteht man unter dem Begriff „Welteinkünfteprinzip"?

4.10.2 Lösungen zu den Übungsaufgaben

1. Entscheiden Sie bitte, ob in den nachfolgenden Fällen eine unbeschränkte Körperschaftsteuer-Pflicht gemäß § 1 (1) KStG vorliegt
   a. Unbeschränkt steuerpflichtig, da Geschäftsleitung im Inland
   b. keine unbeschränkte Steuerpflicht
   c. keine unbeschränkte sondern beschränkte Steuerpflicht § 2 KStG
   d. keine unbeschränkte Körperschaftsteuerpflicht nach § 1 KStG, da Lieschen Müller = natürliche Person
2. Berechnung der Körperschaftsteuer-Schuld

	Vorgang	EUR (€)
	Vorläufiger handelsrechtlicher Jahresabschluss	*140.350,00*
=	Steuerlicher Gewinn	140.350,00
+	Nicht abziehbare Aufwendungen (§ 4 (5) EStG, § 10 KStG)	–
	Geschenke über 35,00 €	150,00
	Geldbußen	300,00
	Körperschaftsteuer-Vorauszahlungen	11.000,00
+	*Zuwendungen für gemeinnützige Zwecke*	*3000,00*
=	Summe der Einkünfte	154.800,00
./.	Abziehbare (gemeinnützige) Zuwendungen	–
	(maximal 20 % von 154.800,00 = 30.960,00 € oder gezahlter Betrag	*3000,00*
=	Zu versteuerndes Einkommen	151.800,00

Das zu versteuernde Einkommen wird multipliziert mit 15 % (Körperschaftsteuer-Tarif), um die Körperschaftsteuerschuld zu ermitteln: 151.800,00 € × 15 % = 22.770,00 €

Da Schultz lediglich Körperschaftsteuer-Vorauszahlungen in Höhe von 15.000,00 € geleistet hat, muss der Restbetrag (22.770,00 ./. 11.000,00 = 11.770,00 €) in den Aufwand (Rückstellungsbildung) gebucht werden.

3. Bei unbeschränkter Körperschaftsteuerpflicht nach § 1 KStG sind die gesamten weltweiten Einkommen der deutschen Körperschaftsteuer zu unterwerfen.

Literatur

1. http://www.gesetze-im-internet.de/kstg_1977/__8.html. Zugegriffen am 12.04.2015
2. http://www.bundesfinanzministerium.de/Content/DE/Standardartikel/Themen/Steuern/Steuerschaetzungen_und_Steuereinnahmen/2016-01-29-steuereinnahmen-kalenderjahr-2015.pdf?__blob=publicationFile&v=3. Zugegriffen am 12.05.2015
3. http://www.gesetze-im-internet.de/kstg_1977/__1.html. Zugegriffen am 12.04.2015
4. http://www.gesetze-im-internet.de/kstg_1977/__2.html. Zugegriffen am 12.04.2015
5. http://www.gesetze-im-internet.de/kstg_1977/__23.html. Zugegriffen am 12.04.2015
6. http://www.gesetze-im-internet.de/kstg_1977/__14.html. Zugegriffen am 12.04.2015
7. http://www.gesetze-im-internet.de/kstg_1977/__5.html. Zugegriffen am 12.04.2015
8. http://www.gesetze-im-internet.de/ao_1977/__64.html. Zugegriffen am 12.04.2015 http://www.gesetze-im-internet.de/gg/art_106.htmlhttp://www.gesetze-im-internet.de/ao_1977/__10.html. Zugegriffen am 12.06.2015 http://www.gesetze-im-internet.de/ao_1977/__11.html. Zugegriffen am 12.06.2015 http://www.gesetze-im-internet.de/estg/__49.html. Zugegriffen am 12.06.2015
9. In Anlehnung an: Bornhofen, Manfred und Martin C.; Steuerlehre 2 Rechtslage 2014, 35. überarb. Aufl., Springer-Gabler-Verlag 2015, S. 384

Umsatzsteuer 5

Zusammenfassung

Autohändler Carlo Sommerweizen weiß genau, dass die Umsatzsteuer für jeden umsatzsteuerpflichtigen Unternehmer zum Tagesgeschäft zählt und es absolut notwendig ist, Grundkenntnisse auf diesem Gebiet vorweisen zu können. In diesem Kapitel werden neben wichtigen Definitionen des Umsatzsteuerrechts, das umsatzsteuerliche System in Deutschland inklusive der Herausforderungen beim Vorsteuerabzug thematisiert. Relevante Rechnungsmerkmale nach § 14 (4) UStG werden ebenso thematisch aufgegriffen wie steuerbare Lieferungen und sonstige Leistungen. Wichtige Informationen zur Durchführung der Umsatzsteuer-Voranmeldung, zu steuerlichen Nebenleistungen sowie den Besonderheiten bei Abschlags- und Anzahlungsvorgängen sind Kernthemen dieses Kapitels.

Im Rahmen dieses Kapitels erfährt Sommerweizen, wie die Umsatzsteuer als eine der wichtigsten Einnahmequellen des Staates anteilsmäßig einzuordnen ist und wie das umsatzsteuerliche System in Grundzügen funktioniert. Nach der Darstellung einzelner Wesensmerkmale der Umsatzsteuer werden wichtige Fachbegriffe definiert, die zum besseren Verständnis des restlichen Kapitels beitragen sollen.

© Springer Fachmedien Wiesbaden GmbH, ein Teil von Springer Nature 2019
K. Nickenig, *Praxislehrbuch Steuerrecht*,
https://doi.org/10.1007/978-3-658-26832-9_5

Sommerweizen findet bei seiner Recherche einige – für ihn wichtige – umsatzsteuerliche Sachverhalte, die zu seinem Tagesgeschäft als Unternehmer zählen und denen er sich mit großem Interesse widmet.
Er weiß, dass er sich auch hier lediglich einen Überblick über das komplexe System der Umsatzsteuer verschaffen kann.

5.1 Wesensmerkmale

Die Umsatzsteuer, auch unter dem Begriff der „Mehrwertsteuer" bekannt, ist geprägt durch folgende Merkmale:
- allgemeine Verbrauchssteuer
- Gemeinschaftssteuer
- indirekte Steuer
- Fälligkeitssteuer
- Steuer mit hohem Aufkommen

Die Umsatzsteuer zählt zu den *allgemeinen Verbrauchssteuern*, welche die nicht vorsteuerabzugsberechtigten Endverbraucher belasten soll. Der Händler/Dienstleister stellt sie dem Kunden zusätzlich zum Netto-Verkaufspreis in Rechnung, sofern die Güter oder Dienstleistungen im Sinne des Umsatzsteuergesetzes nicht steuerbefreit sind. Die Umsatzsteuer ist an den jeweiligen Verbrauch der Güter und Dienstleistungen gekoppelt. Weitere Verbrauchssteuern sind zum Beispiel Tabak-, Energie-, Kaffee- oder Branntweinsteuern.

Die Umsatzsteuer zählt zur Gruppe der *Gemeinschaftssteuern*, welche grundsätzlich Bund und Ländern gemeinschaftlich zusteht. Artikel 106 (5a) GG sieht vor, dass auch die Gemeinden bei der Verteilung der Steuereinnahmen mit einbezogen werden können. Die Zuweisung erfolgt hier mittels Bundesgesetz. Weitere Gemeinschaftssteuern sind zum Beispiel die Körperschaft- und Einkommensteuer.

Als *indirekte Steuer* wird die Umsatzsteuer zusätzlich zum Nettoverkaufspreis vom Händler/Dienstleister dem Endverbraucher in Rechnung gestellt. Eine direkte Besteuerung wie zum Beispiel bei der Erhebung der Einkommen- oder Körperschaftsteuer erfolgt nicht. Steuerschuldner (Händler/Dienstleister) und Steuerträger (Endverbraucher) sind unterschiedliche Personen.

Die Umsatzsteuer ist eine *Fälligkeitssteuer*. Der fällige Geldbetrag muss vom Steuerpflichtigen (hier Sommerweizen) bis zu einem bestimmten Termin an das Finanzamt entrichtet werde. Die Erteilung einer Einzugsermächtigung ist möglich. Vor Zahlung sollte die elektronische Übermittlung der Umsatzsteuer-Voranmeldung an die zuständige Finanzkasse erfolgt sein. Zur Gruppe der Fälligkeitssteuer gehört zum Beispiel auch die Lohnsteuer.

Die Umsatzsteuer gehört zu den Steuerarten, die der Bundesrepublik Deutschland die *höchsten Einnahmen* beschert. Gemäß statistischem Bundesamt gehören der Umsatzsteuer und der Einfuhrumsatzsteuer mehr als ein Drittel (ca. 30,25 %) der gesamten Steuereinnahmen des Bundes [1].

Die Umsatzsteuer basiert im Wesentlichen auf dem Umsatzsteuergesetz (UStG), der Umsatzsteuer-Durchführungsverordnung (UStDV) und dem Umsatzsteuer-Anwendungserlass (UStAE).

5.2 Wichtige Definitionen

Sommerweizen ist sehr daran gelegen, steuerliche Begriffe korrekt interpretieren und auch im Gespräch/Schriftverkehr mit den Finanzbehörden und dem steuerlichen Berater richtig einsetzen zu können. Daher werden im Folgenden einige wesentliche Fachbegriffe aus dem Bereich der Umsatzsteuer mit einfachen Worten definiert. Ein Anspruch auf Vollständigkeit der im nachfolgenden alphabetisch geordneten Begriffe wird an dieser Stelle nicht erhoben.

▶ **Bemessungsgrundlage** Bemessungsgrundlage ist der Basiswert in Euro, auf der zum Beispiel die Umsatzsteuer berechnet wird. Ausgewiesen wird die Bemessungsgrundlage als Nettowert, also ohne Umsatzsteuer. Nach § 10 UStG bezeichnet man diese im Rahmen des Umsatzsteuerrechtes als Entgelt.

▶ **ELSTER** Abkürzung für: *E*lektronische *St*euererklärung. Per ELSTER werden zum Beispiel die Umsatzsteuer-Voranmeldung und Lohnsteuer-Anmeldung an die zuständige Finanzbehörde übermittelt.

▶ **Entgelt** Die Bemessungsgrundlage zur Ermittlung der Umsatzsteuer-Traglast (§ 10 UStG) bezeichnet man als Entgelt. Hierzu zählt alles, was der Empfänger einer Ware oder einer Dienstleistung aufwendet, um die Leistung zu erhalten.

▶ **Istversteuerung** Bei der Istversteuerung handelt es sich um eine Versteuerungsform, bei welcher der Zeitpunkt der Vereinnahmung des Entgelts für die Besteuerung relevant ist. Sie ist überwiegend bei Freiberuflern zu finden, welche nicht buchführungspflichtig sind.

▶ **Kleinunternehmer** Als Kleinunternehmer bezeichnet man die Selbständigen, welche Bruttoumsätze von weniger als 17.500,00 € im Vorjahr und im aktuellen

Wirtschaftsjahr voraussichtlich nicht mehr als 50.000,00 € erzielen werden (§ 19 UStG). Kleinunternehmer sind nicht berechtigt, Umsatzsteuerbeträge auszuweisen und Vorsteuerbeträge vom Finanzamt zurückzufordern.

▶ **Option** Der freiwillige Verzicht auf eine Steuerbefreiung bezeichnet man als Option (§ 9 UStG). Im Falle der Option besteht hiernach nun in der Regel die Möglichkeit zum Vorsteuerabzug.

▶ **Sollversteuerung** Bei der Sollversteuerung oder Versteuerung nach vereinbarten Entgelten handelt es sich um eine Versteuerungsform, bei welcher der Zeitpunkt der Vereinnahmung des Entgelts für die Besteuerung unerheblich ist (Regelfall).

▶ **Steuerpflichtiger** Eine Person, welche unter anderem eine Steuer schuldet, für diese haftet oder für Rechnung eines Dritten einzubehalten und abzuführen hat, bezeichnet man nach § 33 (1) AO als Steuerpflichtigen. Hierzu zählt beispielsweise der Nichtunternehmer, welcher seine Einkünfte aus Kapitalvermögen im Rahmen seiner Einkommensteuer zu erklären hat.

▶ **Steuerträger** Der Steuerträger ist die Person, welche durch die Steuer schlussendlich wirtschaftlich belastet wird (zum Beispiel der nicht zum Vorsteuerabzug berechtigte Zahnarzt oder der Nichtunternehmer).

▶ **Teilwert** […] 3Teilwert ist der Betrag, den ein Erwerber des ganzen Betriebs im Rahmen des Gesamtkaufpreises für das einzelne Wirtschaftsgut ansetzen würde; dabei ist davon auszugehen, dass der Erwerber den Betrieb fortführt […] § 6 (1) Nr. 1 S. 3 EStG

▶ **Traglast** Die Traglast oder Umsatzsteuer-Traglast bezeichnet den Umsatzsteuerbetrag auf den erzielten Erlös.

▶ **Vorsteuer** Als Vorsteuer (= Umsatzsteuer des Vorgängers) werden die Umsatzsteuerbeträge bezeichnet, die ein umsatzsteuerpflichtiger Unternehmer bei Einkauf im Rahmen des Kaufpreises zahlt und von ihm im Rahmen der Umsatzsteuer-Voranmeldung vom Finanzamt wieder zurück gefordert werden können. Kurz: die Vorsteuer ist eine Forderung gegenüber der Finanzbehörde.

Zahllast Zieht der umsatzsteuerpflichtige Unternehmer von seiner Umsatzsteuer-Traglast die Vorsteuer ab, so erhält er die Zahllast oder Umsatzsteuer-Zahllast. Voraussetzung hierfür ist, dass die Traglast höher ist als die Vorsteuer.

5.3 Kurzdarstellung des inländischen Umsatzsteuer-Systems

Das inländische Umsatzsteuer-System hat die Besonderheit, dass die vom Unternehmer im Rahmen eines Einkaufs an den Lieferanten bezahlte Umsatzsteuer wieder vom Finanzamt zurückgefordert werden kann (Vorsteuer). Der vorsteuerabzugsberechtigte Unternehmer wird also durch die Zahlung der (betrieblichen) Umsatzsteuer grundsätzlich nicht wirtschaftlich belastet. Hierzu sind bestimmte Voraussetzungen zu erfüllen, auf die weiter unten eingegangen wird.

Zwecks besseren Verständnisses werden in der folgenden – stark vereinfachten Darstellung – die Umsatzgeschäfte zweier Unternehmer (Uwe Meister = Unternehmer 1 und Florian Gütlich = Unternehmer 2) sowie eines Nichtunternehmers (Peter Kramer = Nichtunternehmer) betrachtet.

Die folgende Betrachtung erfolgt personenbezogen und eingeschränkt auf die Veräußerung bzw. den Einkauf von Reparaturersatzteilen:

Sichtweise Uwe Meister (Unternehmer 1) Uwe Meister kauft von Bernd Glashaus für 50,00 € Reparaturersatzteile. Für den Einkauf kann Meister keine Vorsteuer in Abzug bringen, da in der Eingangsrechnung des Kleinunternehmers Glashaus keine Umsatzsteuer ausgewiesen wurde.

Bei *Verkauf* des Ersatzteils an Florian Gütlich (Unternehmer 2, Lackierbetrieb, vorsteuerabzugsberechtigt) berechnet Meister – als umsatzsteuerpflichtiger Unternehmer – 100,00 € netto (Entgelt) zuzüglich 19 % Umsatzsteuer. Diese muss er als Umsatzsteuer-Traglast beim Finanzamt im Rahmen seiner Umsatzsteuer-Voranmeldung erklären. Da – wie bereits im letzten Abschnitt dargestellt – ein Vorsteuerabzug nicht möglich ist, schuldet Uwe Meister seiner Finanzbehörde die komplette Traglast in Höhe von 19,00 €, die im vorliegenden Fall zugleich die Zahllast darstellt.

Sichtweise Florian Gütlich (Unternehmer 2) Gütlich erhält die Ersatzteile und die dazu gehörige Eingangsrechnung seines Lieferanten Uwe Meister. In dieser wird der Wareneinkaufsbetrag in Höhe von 100,00 € netto zuzüglich 19 % Umsatzsteuer (19,00 €) korrekt ausgewiesen.

Da Gütlich dieses Ersatzteil dem Kunden Peter Kramer (Nichtunternehmer) versprochen hat, ruft er ihn sofort an und teilt ihm mit, dass er das Ersatzteil für 400,00 € plus 19 % Umsatzsteuer nun zur Abholung bereithält. Kramer freut sich, endlich das gewünschte Ersatzteil in seinen Pkw einbauen zu können und schaut sofort im Betrieb Gütlich vorbei, wo er die Ware ausgehändigt bekommt. Er bezahlt später per Banküberweisung.

Gütlich hat im Rahmen seiner Umsatzsteuer-Voranmeldung die Traglast in Höhe von 76,00 € einzutragen. Hiervon darf er 19,00 € Vorsteuer (gezahlte Umsatzsteuer an Uwe Meister) in Abzug bringen. Die Umsatzsteuer-Vorauszahlung beträgt nunmehr 57,00 €.

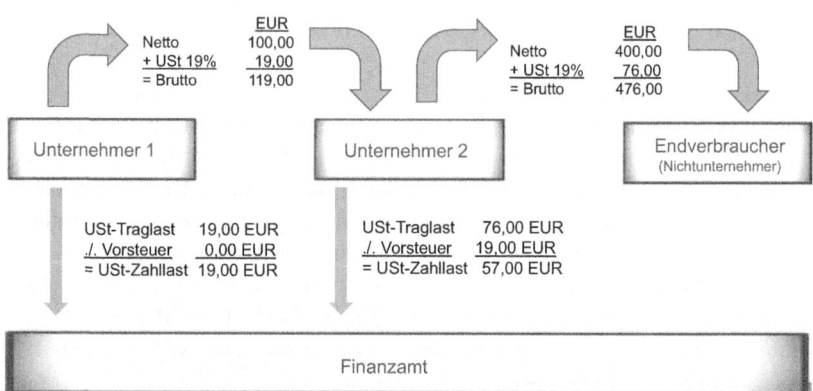

Abb. 5.1 Umsatzsteuer-System im Inland

Sichtweise Peter Kramer (Nichtunternehmer) Peter Kramer freut sich über die Lieferung der lang erwarteten Ersatzteile und zahlt – wenn auch mit Zähneknirschen – die gewünschten 476,00 € brutto an Florian Gütlich. Er weiß, dass er als Nichtunternehmer keine Möglichkeit hat, die Kosten für das Ersatzteil, welches er in seinen Oldtimer einbauen möchte, geltend zu machen. Kramer ist somit *Steuerträger*, der von der Umsatzsteuerschuld in voller Höhe wirtschaftlich betroffen ist.

Die beiden vorgenannten Unternehmer Meister und Gütlich sind zwar Steuerschuldner und müssen den zuständigen Finanzbehörden die relevanten Umsatzsteuer-Voranmeldungen übermitteln und die geschuldeten Beträge zahlen, aber wirtschaftlich sind sie nicht betroffen (sehen wir vom 1. Einkaufsvorgang zwischen Glashaus und Meister ab), da sie die Traglast jeweils auf den Kunden im Rahmen des Kaufpreises überwälzt haben. Die Umsatzsteuer ist für beide eine *Durchlaufsteuer*.

Um den zuvor dargestellten Sachverhalt besser nachvollziehen zu können, hier nochmal in graphischer Darstellung das Umsatzsteuer-System (Abb. 5.1):

5.4 Steuerbarkeit und Steuerfreiheit von Umsätzen

Zu den umsatzsteuerlich relevanten Umsätzen zählen unter anderem *Lieferungen* und *Leistungen*, die Unternehmen für andere Unternehmer oder Nichtunternehmer erbringen. Hierzu gehören beispielsweise der Verkauf von Handelsware oder die Erbringung einer Beratungsleistung (Dienstleistung). Im Umsatzsteuerrecht findet man diesbezüglich die Begriffe *Steuerbarkeit* und *Steuerfreiheit*.

5.4.1 Steuerbarkeit

Aus der Sicht des Umsatzsteuerrechtes muss zunächst die *Steuerbarkeit* eines Umsatzes geprüft werden, um im Anschluss feststellen zu können, ob dieser nun steuerfrei oder steuerpflichtig ist.

▶ Denn: Nur steuerbare Umsätze können *steuerpflichtig* oder *steuerfrei* sein.

Ist ein Umsatz *nicht steuerbar*, wird dieser aus umsatzsteuerlicher Sicht nicht weiter betrachtet. Diese Situation soll mit der nachfolgenden Darstellung verdeutlicht werden (Abb. 5.2).

§ 1 UStG beinhaltet folgende Umsätze, die der Umsatzsteuer unterliegen und als steuerbar einzustufen sind, sofern sie die erforderlichen Voraussetzungen erfüllen:

a. Lieferungen und Sonstige Leistungen (Leistungen)
b. Einfuhr
c. Innergemeinschaftlicher Erwerb

Im Folgenden werden die vorgehenden Positionen kurz erläutert.

Lieferungen und Sonstige Leistungen Die Leistung (Oberbegriff für Lieferungen und sonstige Leistungen) gilt dann als *steuerbar*, wenn sie

1. durch einen Unternehmer
2. im Rahmen seines Unternehmens
3. gegen Entgelt
4. im Inland erbracht wurde.

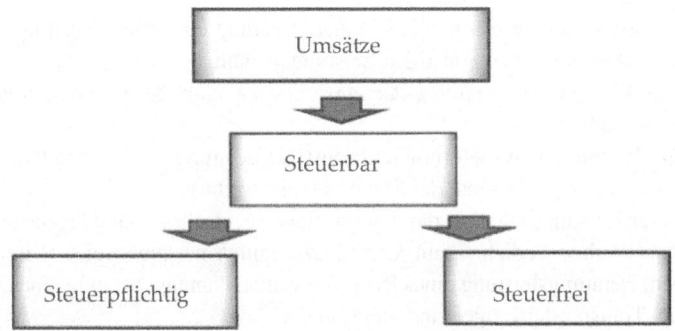

Abb. 5.2 Einordnung von steuerbaren Umsätzen

Alle vorgenannten Merkmale *müssen insgesamt erfüllt* sein, damit der Umsatz als steuerbar einzuordnen ist.

Carlo sucht die Definition des Begriffes *Lieferung* und findet sie im Umsatzsteuergesetz:

§ 3 UStG – Lieferung, Sonstige Leistung
1. *Lieferungen* eines Unternehmers sind *Leistungen*, durch die er oder in seinem Auftrag ein Dritter den Abnehmer oder in dessen Auftrag einen Dritten befähigt, im eigenen Namen über einen Gegenstand zu verfügen (*Verschaffung der Verfügungsmacht*) […] [2].

Beispiel 5.4.1.a – Lieferung
Sommerweizen kauft bei Hersteller Ponti neue Winter-Kompletträder, um diese seinen Kunden anzubieten. Mit dem Verkauf an Sommerweizen tätigt der Hersteller eine Lieferung. Er verschafft Sommerweizen die Verfügungsmacht über die Kompletträder.

Sonstige Leistungen findet Carlo im § 3 (9) UStG.

§ 3 UStG – Lieferung, Sonstige Leistung
[…] (9) *Sonstige Leistungen* sind *Leistungen*, die keine Lieferungen sind. Sie können auch in einem Unterlassen oder im Dulden einer Handlung oder eines Zustands bestehen […] [2].

Beispiel 5.4.1.b – Sonstige Leistung
Sommerweizen lässt sich von seinem Steuerberater in Sachen Existenzgründung beraten. Die Rechnung über 1000,00 € zuzüglich 19 % USt erhält der Jungunternehmer eine Woche später.

Der Steuerberater erbringt mit seiner Beratung eine Dienstleistung, die zu den umsatzsteuerlichen Sonstigen Leistungen zählt.

Man kann die *Unterteilung der umsatzsteuerlichen Leistung* wie folgt vornehmen (Abb. 5.3):

Die Trennung von Lieferung und sonstiger Leistung ist insbesondere für die Ortsbestimmung (Merkmal der Steuerbarkeit) wichtig.

Unter Leistung versteht das Umsatzsteuerrecht alles, was Gegenstand des wirtschaftlichen Verkehrs sein kann. Dazu zählen beispielsweise Warenlieferungen, Beratungsleistung eines Rechtsanwaltes, Planungsleistung eines Architekten, Transportleistungen und vieles mehr.

Grundsätzlich gilt die *Einheitlichkeit einer Leistung*, daher bitte beachten:

5.4 Steuerbarkeit und Steuerfreiheit von Umsätzen

Abb. 5.3 Leistungen

▶ Die Nebenleistung teilt stets das Schicksal der Hauptleistung.

Diese Aussage sei an einem einfachen Beispiel kurz erläutert:

Beispiel 5.4.1.c – Restaurationsumsatz („Verzehr an Ort und Stelle")
Bei bestimmten Fastfood-Ketten werden Speisen und Getränke auch an sogenannten Autoschaltern bereitgestellt. Hierbei überwiegt nicht die erbrachte Dienstleistung, sondern die Lieferung der Ware.

Anzuwendender Steuersatz: 7 %

Werden die Speisen und Getränke jedoch am Ort des Kaufes verzehrt, so überwiegt die Dienstleistung zum Beispiel für die Bereitstellung von Tischen und Stühlen und die Zubereitung der Speisen.

Die Nebenleistung (Lieferung der Waren) ist nun der Hauptleistung (vorgenannte Dienstleistung) untergeordnet.

Anzuwendender Steuersatz: 19 %

Im vorliegenden Fall ist es für den Unternehmer (Anbieter) günstiger, wenn der Kunde die Waren über den Straßenschalter bezieht. Der ermäßigte Steuersatz liefert ihm einen höheren Gewinn, da die Preise bei Fastfood-Ketten meist nicht voneinander abweichen, egal ob der Verzehr an Ort und Stelle erfolgt oder die Ware vom Kunden mitgenommen wird.

Einfuhr Die Einfuhr ist ebenfalls ein steuerbarer Umsatz im Sinne des § 1 (1) Nr. 4 UStG. Wichtig ist hierbei, dass die Ware aus dem Drittlandsgebiet (Gebiet außerhalb der Europäischen Union) nach Deutschland importiert wird. Die eventuell zu zahlende Einfuhrumsatzsteuer (EUSt) kann vom Leistungsempfänger unter bestimmten Voraussetzungen als Vorsteuer in Abzug gebracht werden.

Innergemeinschaftlicher Erwerb Beim innergemeinschaftlichen Erwerb handelt es sich um einen Umsatz, bei dem Unternehmer Waren aus dem übrigen EU-Gemeinschaftsgebiet in das umsatzsteuerliche Inland importiert, um diese für betriebliche Zwecke einzusetzen. Im Inland (Bestimmungsland) ist üblicherweise die sogenannte Erwerbsbesteuerung durchzuführen, wobei die inländische Umsatzsteuer auf den Nettoumsatz in der Rechnung aufgeschlagen wird und bei Erfüllung aller notwendigen Voraussetzungen, diese auch gleichzeitig wieder als Vorsteuer vom Rechnungsempfänger in Abzug gebracht werden kann.

Sommerweizen liest mit Interesse die Ausführungen, welche für seinen Autohandel mit Sicherheit von großer Bedeutung sein werden. Um für sich selbst deutlich zu machen, inwiefern es geographische Abgrenzungen zwischen Drittland, Europäischer Union und Deutschland gibt, erstellt der motivierte Existenzgründer folgende Zeichnung (Abb. 5.4):

5.4.2 Steuerfreiheit

Carlo stellt sich die Frage, was denn nun steuerbar, aber steuerfrei sein könnte. Er recherchiert in der Fachliteratur und findet folgende Information:

Steuerfreie Umsätze sind solche, welche im Sinne des § 1 UStG zwar steuerbar, aber nach den Vorschriften des Umsatzsteuergesetzes (§§ 4, 4b und 5 UStG) steuerbefreit sind.

Als *steuerfrei* gelten zum Beispiel nachfolgende Umsätze:

a. Ausfuhrlieferungen
b. Innergemeinschaftliche Lieferungen
c. Gewährung und Vermittlung von Krediten

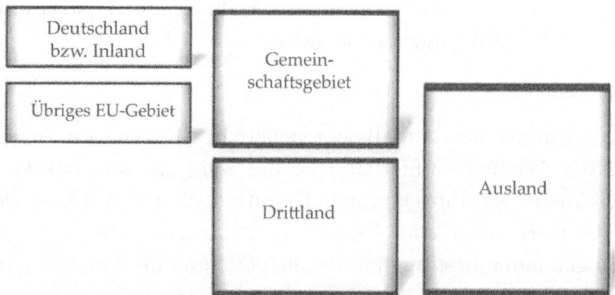

Abb. 5.4 Inland und Ausland

d. Umsätze, die unter das Grunderwerbsteuergesetz fallen
e. langfristige Vermietung und Verpachtung von Grundstücken
f. Heilbehandlungsmaßnahmen durch den Arzt

Alle steuerbefreiten Umsätze aufzuführen, würde den Rahmen dieses Praxisleitfadens sprengen. Im Bedarfsfall könnte Sommerweizen diese im Umsatzsteuergesetz an vorgenanntem Ort finden.

Beispiel 5.4.2.d – Steuerfreiheit
Sommerweizen nimmt ein Darlehen im Wert von 100.000,00 € bei seiner Hausbank auf. Der Vertrag beinhaltet keine Umsatzsteuer, da die Kreditaufnahme nach § 4 Nr. 8a UStG von der Umsatzsteuer befreit ist.

Grundsätzlich – auf die Ausnahmen wird an dieser Stelle nicht weiter eingegangen – führen steuerfreie Umsätze zum Ausschluss des Vorsteuerabzugs. Es gibt für einige Umsatzarten jedoch die Möglichkeit, auf die Steuerfreiheit zu verzichten (*Option*). Dies hätte zur Folge, dass ein Vorsteuerabzug möglich wäre Abschn. 5.7.5 *Verzicht auf die Steuerbefreiung (Option)*.

Alle nicht steuerbefreiten Umsätze werden entweder mit dem Regelsteuersatz in Höhe von 19 % (§ 12 (1) UStG) oder dem ermäßigten Satz 7 % (§ 12 (2) UStG i. V. m. Anlage 2 zum UStG) besteuert.

5.5 Vorsteuerabzug und ordnungsgemäße Rechnungsstellung

Das Kapitel zum Vorsteuerabzug interessiert Carlo ganz besonders.

Der Vorsteuerabzug und die hiermit einhergehenden gesetzlichen Anforderungen an eine Eingangsrechnung spielen in der Umsatzsteuer und beim Autohandel Sommerweizen eine zentrale Rolle.

Er weiß, welche Herausforderungen die Praxis diesbezüglich mit sich bringt. Insbesondere ist auf elektronische Rechnungen ein Hauptaugenmerk zu richten, so der gut gemeinte Rat von Rolf Bruchkiste. Es sind nicht nur Chancen, sondern auch einige Risiken mit dem Einsatz solcher Dokumente verbunden. Dazu mehr im Laufe dieses Kapitels Abschn. 5.5.2 *Chancen und Risiken bei elektronischen Rechnungen*

5.5.1 Gesetzliche Vorgaben

Der Vorsteuerabzug ist gesetzlich geregelt. Hier ein Auszug aus dem Umsatzsteuer-Gesetz:

§ 15 UStG – Vorsteuerabzug
1. Der Unternehmer kann die folgenden Vorsteuerbeträge abziehen:
   1. die gesetzlich geschuldete Steuer für *Lieferungen* und *sonstige Leistungen*, die von einem anderen Unternehmer für sein Unternehmen ausgeführt worden sind. Die Ausübung des Vorsteuerabzugs setzt voraus, dass der Unternehmer eine nach den *§§ 14, 14a ausgestellte Rechnung* besitzt. Soweit der gesondert ausgewiesene Steuerbetrag auf eine Zahlung vor Ausführung dieser Umsätze entfällt, ist er bereits abziehbar, wenn die Rechnung vorliegt und die Zahlung geleistet worden ist [...] [3].

Zusammenfassend kann man festhalten, dass folgende Punkte erfüllt sein müssen:

1. Inanspruchnahme einer Lieferung oder Sonstigen Leistung
2. von einem anderen Unternehmer für das eigene Unternehmen
3. Ordnungsgemäße (Eingangs-) Rechnung gemäß §§ 14, 14a UStG
4. Zahlung im Voraus (Anzahlung)

Sofern alle Merkmale vorliegen, darf ein umsatzsteuerpflichtiger Unternehmer die Vorsteuer vom Finanzamt zurückfordern.

Sommerweizen erfährt, dass er also insbesondere den § 14 UStG beachten sollte, in dem die Merkmale umsatzsteuerlich ordnungsgemäßer Rechnungen aufgeführt sind.

▶ Fehlt nur eine der in § 14 (4) UStG geforderten Eigenschaften oder ist eine hiervon fehlerhaft, ist ein Vorsteuerabzug nicht erlaubt.

Folgende Rechnungseigenschaften müssen vorliegen und sind von Sommerweizen bei jedem Rechnungseingang zu prüfen:

1. vollständiger Name und vollständige Anschrift vom leistenden Unternehmer und vom Leistungsempfänger
2. Steuernummer oder Umsatzsteuer-Identifikationsnummer
3. Ausstellungsdatum
4. fortlaufende Rechnungsnummer

5.5 Vorsteuerabzug und ordnungsgemäße Rechnungsstellung

5. handelsübliche Bezeichnung der gelieferten Gegenstände oder Umfang und Art der empfangenen sonstigen Leistung
6. Zeitpunkt der Lieferung und sonstigen Leistung sowie der Zeitpunkt der Vereinnahmung des Entgelts oder eines Teils des Entgelts, sofern der Zeitpunkt der Vereinnahmung feststeht und nicht mit dem Ausstellungsdatum der Rechnung übereinstimmt
7. nach Steuersätzen und Steuerbefreiungen aufgeteiltes Entgelt sowie im Voraus vereinbarte Preisnachlässe (zum Beispiel Skonti, Boni oder Rabatte)
8. getrennter Ausweis von Steuersatz und Steuerbetrag oder Steuerbefreiung
9. Hinweis auf Aufbewahrungspflicht des Leistungsempfängers nach § 14b (1) S. 5 UStG
10. Bei Ausstellung der Rechnung durch den Leistungsempfänger die Bezeichnung „Gutschrift".

Sommerweizen ist nicht gerade begeistert. Er findet, dass dies ja eine sehr zeitintensive Angelegenheit sei. Aber Bruchkiste ist noch nicht fertig und legt ihm den § 14 (1) UStG ans Herz, in dem es heißt:

§ 14 UStG – Ausstellung von Rechnungen
1. Rechnung ist jedes Dokument, mit dem über eine Lieferung oder sonstige Leistung abgerechnet wird, gleichgültig, wie dieses Dokument im Geschäftsverkehr bezeichnet wird. Die Echtheit der Herkunft der Rechnung, die Unversehrtheit ihres Inhalts und ihre Lesbarkeit müssen gewährleistet werden [...] [4].

Bruchkiste weist mit dieser Vorschrift Sommerweizen darauf hin, dass eine Rechnung, die er nicht selbst ausgestellt hat, auch nicht von ihm verändert werden darf *(Unversehrtheit des Inhaltes).* Sommerweizen hat stets nachzuweisen, von wem er die Eingangsrechnung erhalten hat und gleichzeitig muss er dafür Sorge tragen, dass die *Lesbarkeit* einer Rechnung während der Aufbewahrungsfrist von ihm gewährleistet wird.

5.5.2 Chancen und Risiken bei elektronischen Rechnungen

Sommerweizen ist nun schon ziemlich gut informiert im Hinblick auf die steuerlichen Vorgaben zum Thema Vorsteuerabzug. Er weiß, dass viele seiner Lieferanten, aber auch Kunden die Rechnungsstellung auf elektronischem Wege bevorzugen. Er spricht mit Bruchkiste über Vor- und Nachteile solcher Rechnungen, die Bruchkiste schon seit geraumer Zeit innerhalb seines Unternehmens bucht.

Bruchkiste ist der Meinung, dass die Chancen einer elektronischen Rechnungsstellung überwiegen, da es eine Reihe an Vorteilen gibt, die für den Einsatz sprechen. Diese *Vorteile* zählt er wie folgt auf:

- Verbesserung des Zahlungsmittelüberschusses (Cashflow)/Liquidität
- Kostenersparnis
- Bessere Kontrollmöglichkeit durch besseren Überblick (Transparenz)
- Kürzere Bearbeitungszeit
- Entlastung der Umwelt durch reduzierten Papiereinsatz

Bruchkiste gibt jedoch auch zu bedenken, dass jede Medaille zwei Seiten hat. Im Anschluss diskutieren er und Sommerweizen über mögliche *Nachteile*, wie zum Beispiel:

- Mögliches Vorsteuerabzugsverbot bei mangelhafter oder fehlender Datenspeicherung
- Demotivation bei Mitarbeiten aufgrund Monotonie bei Arbeitstätigkeit
- Datenchaos bei mangelhafter Wartung des EDV-Systems
- Hohe Kosten für Fortbildungsmaßnahmen und organisierter Einführung in den Betrieb

Sommerweizen will sich auch dieser Herausforderung annehmen, ist sich aber dessen bewusst, dass auch er mit Sicherheit einiges an Zeit und Geld investieren muss, um ein funktionierendes Rechnungswesen innerhalb seines Unternehmens aufzubauen.

5.6 Umsatzsteuer-Voranmeldung

Bruchkiste erklärt seinem Freund Sommerweizen auch, wie er eine einfache Umsatzsteuer-Voranmeldung berechnen oder zumindest nachvollziehen kann. Zuvor erläutert er ihm aber – wie in den folgenden Abschnitten dargestellt – worin der Unterschied zwischen *Steuerentstehung* und *Steuerfälligkeit* besteht. Ein abschließendes Zahlenbeispiel soll im Anschluss den Sachverhalt verdeutlichen.

5.6.1 Steuerentstehung

Die Entstehung der Umsatzsteuer (Anspruch) ist im § 13 UStG geregelt.
Sommerweizen kann momentan den Ausführungen von Bruchkiste nicht mehr so ganz folgen. Denn er weiß nicht mehr genau, was Soll- und Istversteuerung be-

deutet. Also schaut er nochmal in den Praxisleitfaden Steuerrecht für Existenzgründer Abschn. 5.2 *Wichtige Definitionen*
Hier im Überblick einige wichtige Termine:

Die Umsatzsteuer entsteht nach § 13 UStG
1. bei der Versteuerung nach vereinbarten Entgelten (Sollbesteuerung) mit Ablauf des Voranmeldungszeitraums, in dem die Leistung ausgeführt wurde;
2. bei der Versteuerung nach vereinnahmten Entgelten (Istbesteuerung) mit Ablauf des Voranmeldungszeitraums, in dem die Entgelte vereinnahmt wurden
3. für den innergemeinschaftlichen Erwerb mit Ausstellung der Rechnung, spätestens jedoch mit Ablauf des dem Erwerb folgenden Kalendermonat.

5.6.2 Steuerfälligkeit/Voranmeldezeitraum

Da die Umsatzsteuer-Voranmeldung *keine freiwillige Angelegenheit* darstellt, muss auch hier wieder auf das Umsatzsteuer-Gesetz verwiesen werden. Sommerweizen wie auch andere umsatzsteuerpflichtige Unternehmer sollten die Vorschrift des § 18 UStG kennen, so der erfahrene Unternehmer Bruchkiste:

§ 18 UStG – Besteuerungsverfahren
1. Der Unternehmer hat bis zum 10. Tag nach Ablauf jedes Voranmeldungszeitraums eine Voranmeldung [...] durch Datenfernübertragung [...] zu übermitteln, in der er die Steuer für den Voranmeldungszeitraum (Vorauszahlung) selbst zu berechnen hat. [...] [5].

Zusammenfassend lässt sich sagen: Sommerweizen muss *selbst* (oder zum Beispiel sein steuerlicher Berater) dafür sorgen, dass die Umsatzsteuer rechtzeitig *berechnet*, elektronisch *übermittelt* und *bezahlt* wird.

Ob er nun verpflichtet ist, *monatlich* oder *vierteljährlich* eine Voranmeldung bei seiner Finanzbehörde einzureichen, hängt von der Höhe der gezahlten Umsatzsteuer im Vorjahr ab. Auch hier gibt es eine gesetzliche Vorgabe:

§ 18 UStG – Besteuerungsverfahren
[...] (2) Voranmeldungszeitraum ist das *Kalendervierteljahr*. Beträgt die Steuer für das vorangegangene Kalenderjahr *mehr als 7 500 €*, ist der Kalendermonat Voranmeldungszeitraum. Beträgt die Steuer für das vorangegangene Kalenderjahr *nicht mehr als 1 000 €*, kann das Finanzamt den Unternehmer von der Verpflichtung zur Abgabe der Voranmeldungen und Entrichtung der

Tab. 5.1 Umsatzsteuer-Voranmeldungszeitraum

> 7500,00 € USt im Vorjahr	Monatliche Abgabe
1000,00– 7500,00 € USt im Vorjahr	Vierteljährliche Abgabe
< 1000,00 €	Abgabebefreiung möglich
Existenzgründer	Monatliche Abgabe für laufendes und nachfolgendes Kalenderjahr

Vorauszahlungen befreien [...] Nimmt der Unternehmer seine berufliche oder gewerbliche Tätigkeit auf, ist im laufenden und folgenden Kalenderjahr Voranmeldungszeitraum der Kalendermonat [5].

Hier noch einmal die Grenzen im Überblick (Tab. 5.1)

5.6.3 Ermittlung der Vorauszahlung/Erstattung

Für die Ermittlung der Umsatzsteuer-Vorauszahlung beziehungsweise des Vorsteuer-Guthabens kann folgendes Schema (im Grundfall) angewendet werden (Abb. 5.5):

Sommerweizen erkennt bei Betrachtung dieser Darstellung sofort, dass jede Eingangsrechnung (also die seines Lieferanten), die nicht nach umsatzsteuerlichen Vorgaben (§ 14 UStG) ordnungsgemäß ausgestellt wurde, ihn bares Geld kostet. Er nimmt sich vor, den Kollegen in der Buchhaltungsabteilung darauf hinzuweisen, Eingangsrechnungen *zeitnah* auf umsatzsteuerliche Richtigkeit hin zu prüfen, aber auch selbst die Ausgangsrechnungen, also die Rechnungen, die dem Kunden geschickt werden, korrekt auszustellen.

Beispiel 5.6.3 – Umsatzsteuer-Voranmeldung
Sommerweizen erzielte in 04/02 Umsätze (netto) in Höhe von 120.000,00 €. Seine Umsätze werden regelversteuert und unterliegen der 19 %igen Umsatzsteuer. Der Vorsteuerabzug (gerechtfertigt) beträgt 7200,00 €.

Vor Übermittlung rechnet Sommerweizen den Betrag der Umsatzsteuer-Vorauszahlung aus. Sie ermittelt sich wie folgt (Tab. 5.2):

Sommerweizen muss zum 10.05. die Zahllast in Höhe von 15.600,00 € beim zuständigen Finanzamt anmelden und zahlen.

5.6 Umsatzsteuer-Voranmeldung

Umsatzsteuer-Voranmeldung

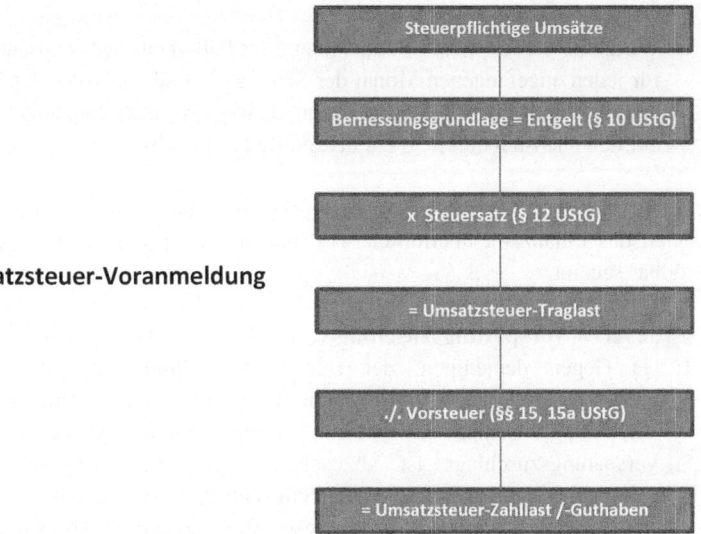

Abb. 5.5 Berechnung Umsatzsteuer-Voranmeldung (vereinfachte Darstellung)

Tab. 5.2 Berechnung Umsatzsteuer-Voranmeldung

Vorgang	Betrag/EUR
Nettoumsatz × Steuersatz = Traglast (120.000,00 € × 0,19) =	22.800,00 €
./. Vorsteuer	7200,00 €
= Zahllast 04/02	15.600,00 €

5.6.4 Steuerliche Nebenleistungen

Carlo erinnert sich:

Steuerliche Nebenleistungen (§ 3 (4) AO) werden erhoben, wenn Steuerpflichtige gesetzliche Vorgaben nicht einhalten.

Zu den Nebenleistungen zählen beispielsweise Säumnis- und Verspätungszuschläge, Zwangsgelder und Verzögerungsgelder. Im Folgenden beschränkt sich die Betrachtung auf die Verspätungs- und Säumniszuschläge.

Säumniszuschläge werden erhoben, wenn die Steuer zu spät an die Finanzkasse entrichtet wird:

§ 240 AO – Säumniszuschläge

1. Wird eine Steuer nicht bis zum Ablauf des Fälligkeitstages entrichtet, so ist für jeden angefangenen Monat der Säumnis ein Säumniszuschlag von 1 % des abgerundeten rückständigen Steuerbetrags zu entrichten; abzurunden ist auf den nächsten durch 50 € teilbaren Betrag [...] [6].

Verspätungszuschläge fallen an, wenn die Erklärung nicht oder nicht fristgerecht an das Finanzamt übermittelt wird und die verspätete Abgabe nicht entschuldbar scheint.

§ 152 AO – Verspätungszuschläge

1. (1) Gegen denjenigen, der seiner Verpflichtung zur Abgabe einer Steuererklärung nicht oder nicht fristgemäß nachkommt, kann ein Verspätungszuschlag festgesetzt werden. Von der Festsetzung eines Verspätungszuschlags ist abzusehen, wenn der Erklärungspflichtige glaubhaft macht, dass die Verspätung entschuldbar ist; das Verschulden eines Vertreters oder eines Erfüllungsgehilfen ist dem Erklärungspflichtigen zuzurechnen. [...]

5. Der Verspätungszuschlag beträgt [...] für jeden angefangenen Monat der eingetretenen Verspätung 0,25 Prozent der festgesetzten Steuer, mindestens jedoch 10 Euro für jeden angefangenen Monat der eingetretenen Verspätung. Für Steuererklärungen, die sich auf ein Kalenderjahr oder auf einen gesetzlich bestimmten Zeitpunkt beziehen, beträgt der Verspätungszuschlag für jeden angefangenen Monat der eingetretenen Verspätung 0,25 Prozent der um die festgesetzten Vorauszahlungen und die anzurechnenden Steuerabzugsbeträge verminderten festgesetzten Steuer, mindestens jedoch 25 Euro für jeden angefangenen Monat der eingetretenen Verspätung.[...] (10) Der Verspätungszuschlag ist auf volle Euro abzurunden und darf höchstens 25 000 Euro betragen [7].

Um die beiden Nebenleistungen besser zuordnen zu können, nun ein Beispiel:

Beispiel 5.6.4 – Steuerliche Nebenleistungen
Sommerweizen übermittelt die für den Monat 04/02 erstellte Umsatzsteuer-Voranmeldung statt am 10.05.02 am 20.06.02. Die Zahlung erfolgt am 21.06.02.

Es wird ein Säumniszuschlag fällig (§ 240 AO), da die Steuer zu spät gezahlt wurde. Sie beträgt 1 % des rückständigen – auf 50 € abgerundeten – Betrages. Gleichzeitig kann auch ein Verspätungszuschlag festgesetzt werden, sofern die verspätete Abgabe nicht entschuldbar scheint. Dieser darf maximal 25.000,00 € betragen.

▶ **Merke!!!**
▶ Fällt das Ende einer Frist auf einen *Sonntag*, einen *gesetzlichen Feiertag* oder einen *Sonnabend*, so endet die Frist mit dem Ablauf des nächstfolgenden Werktags. (§ 108 (3) AO)

5.7 Umsatzsteuerliche Besonderheiten

Sommerweizen freut sich, dass er bereits einiges zum Thema Umsatzsteuer erfahren und aufgearbeitet hat. Nun hat er noch Fragen, die besondere Sachverhalte angehen. Es wird davon ausgegangen, dass in den betrachteten Situationen alle Unternehmer die Sollversteuerung anwenden.

5.7.1 Kleinunternehmer

Der Begriff des *Kleinunternehmers* ist nicht zu verwechseln mit dem des *Kleingewerbetreibenden*.

Während der (handelsrechtlich relevante) Kleingewerbetreibende ein Unternehmer ist, dessen Gewerbebetrieb *keine* kaufmännische Organisation aufweist und er somit nicht zur Gruppe der Kaufleute zählt (somit auch nicht buchführungspflichtig ist), gehört der Kleinunternehmer nach § 19 UStG zu den Selbständigen, welche bei Unterschreiten bestimmter Umsatzgrenzen keine Umsatzsteuer abführen, aber auch keine Vorsteuer vom Finanzamt zurückfordern dürfen.

§ 19 UStG – Besteuerung der Kleinunternehmer
(1) Die für Umsätze im Sinne des § 1 Abs. 1 Nr. 1 geschuldete Umsatzsteuer wird von den Unternehmern, die im Inland oder in den in § 1 Abs. 3 bezeichneten Gebieten ansässig sind,*nicht erhoben*, wenn der […] Umsatz zuzüglich der darauf entfallenden Steuern *im vorangegangenen Kalenderjahr 17.500 €* nicht überstiegen hat und *im laufenden Kalenderjahr 50.000 €* voraussichtlich nicht übersteigen wird.

(2) […] Nach Eintritt der Unanfechtbarkeit der Steuerfestsetzung bindet die Erklärung den Unternehmer mindestens für fünf Kalenderjahre […] [8].

Zum besseren Verständnis soll nachfolgendes Beispiel dienen:

Beispiel 5.7.1 – Kleinunternehmer

Bruchkiste startete sein zunächst nebenberufliches Unternehmen als Kleinunternehmer. Sein Bruttoumsatz (Einnahmen inklusive Umsatzsteuer) belief sich im ersten Jahr auf 14.200,00 €. Dies hatte zur Folge, dass Bruchkiste sich gegen die Regelbesteuerung entschied. Er durfte nach Gesetz keine Umsatzsteuer in seiner Rechnung ausweisen. Im Gegenzug wurde ihm aber auch der Vorsteuerabzug nicht erlaubt.

Rolf Bruchkiste erinnert:

▶ Hat sich der Unternehmer gegen die Regelbesteuerung und die Vorsteuerabzugsmöglichkeit entschieden, so ist er nach § 19 (2) S. 2 UStG an diese Entscheidung 5 Jahre gebunden.

5.7.2 Anzahlungen

Sommerweizen möchte gerne wissen, was es mit der Unterscheidung *Anzahlungen* und *Abschlagszahlungen* auf sich hat. Bruchkiste hat auch hierzu eine Antwort. Er bittet Sommerweizen sich im Hinblick auf Anzahlungsvorgänge folgendes zu merken:

▶ *Geleistete Anzahlungen* (an den Lieferanten) sind Zahlungen *vor Inanspruchnahme* einer Leistung. Diese werden auch als (Vorauskasse) bezeichnet. Sie sind als Forderung gegenüber dem Lieferanten einzuordnen.

▶ *Erhaltene Anzahlungen* (vom Kunden) sind Einnahmen *vor Erbringung* einer Leistung. Sie sind als Verbindlichkeit in der Bilanz auszuweisen, da noch keine Gegenleistung erfolgt ist.

Bei *geleisteten Anzahlungen* ist die *Vorsteuer* bereits abziehbar, wenn

a. eine umsatzsteuerlich ordnungsgemäße Rechnung vorliegt und
b. die Zahlung geleistet wurde

Bei *erhaltenen Anzahlungen* entsteht die Steuer am Ende des Voranmeldezeitraums, in dem der Anzahlungsbetrag durch den Leistenden Unternehmer per Bank oder Kasse vereinnahmt wurde:

5.7 Umsatzsteuerliche Besonderheiten

§ 13 UStG – Entstehung der Steuer
1. Die Steuer entsteht
   1. für Lieferungen und sonstige Leistungen
   a. [...] Wird das Entgelt oder ein Teil des Entgelts vereinnahmt, *bevor* die Leistung oder die Teilleistung ausgeführt worden ist, so entsteht insoweit die Steuer *mit Ablauf des Voranmeldungszeitraums*, in dem das Entgelt oder das Teilentgelt vereinnahmt worden ist,
   b. bei der Berechnung der Steuer nach vereinnahmten Entgelten (§ 20) mit Ablauf des Voranmeldungszeitraums, in dem die Entgelte vereinnahmt worden sind [...] [9].

Zum besseren Verständnis nun zwei Beispiele:

Beispiel 5.7.2.a – Erhaltene Anzahlung
Sommerweizen (USt-Monatszahler) *erhält* vom Kunden Schmitz am 15.05.02 eine Anzahlung für den neuen Pkw in Höhe von 1200,00 € zuzüglich 19 % USt (= 228,00 €) per Banküberweisung. Die Steuer auf den Nettobetrag (= Entgelt) entsteht bereits am Ende des Voranmeldezeitraums, in dem die Anzahlung vereinnahmt wurde. Am 10.06.02 wird die Umsatzsteuer hierauf fällig und ist entsprechend an die Finanzkasse zu entrichten.

Nun zur geleisteten Anzahlung:

Beispiel 5.7.2.b – Geleistete Anzahlung
Kunde Schmitz zahlt am 15.05.02 die Anzahlung für den neuen Pkw in Höhe von 1200,00 € zuzüglich 19 % USt (= 228,00 €). Sobald Schmitz über eine umsatzsteuerlich korrekte Rechnung nach § 14 (4) UStG verfügt *und* den Rechnungsbetrag gezahlt hat, ist für ihn der Vorsteuerabzug möglich.

5.7.3 Abschlagszahlungen

Sommerweizen hat mittlerweile in Erfahrung gebracht, dass Abschläge oder sogenannte à-conto-Zahlungen meist *nach Inanspruchnahme* einer Teilleistung vom Kunden gezahlt werden.

▶ Aus umsatzsteuerlicher Sicht werden Abschläge anders behandelt als Anzahlungen.

Rolf Bruchkiste kann sich an folgenden Sachverhalt erinnern:

Beispiel 5.7.2.c – Abschlagszahlungen

Rolfs Kunde Maier (vorsteuerabzugsberechtigter Steuerberater, Monatszahler) brachte in 07/00 seinen Pkw in die Werkstatt und äußerte den Wunsch, einige „Schönheits"-Änderungen an dem Fahrzeug vorzunehmen. Neben der neuen Farblackierung und neuen Alu-Felgen sollten diverse Arbeiten zum Tuning von den Werkstattmitarbeitern ausgeführt werden.

Aufgrund des kostenintensiven Auftrages bittet Bruchkiste seinen langjährigen Kunden Maier um Zahlung eines Abschlags (2000,00 € + 19 % USt). Die Abschlagsrechnung vom 15.07.00, in der die Umsatzsteuer offen ausgewiesen wurde, begleicht Maier umgehend.

Die Schlussrechnung erstellt Bruchkiste in 08/00. Sie beläuft sich auf 3000,00 € zuzüglich 570,00 € Umsatzsteuer (19 %). Nach Berücksichtigung der vorab in Rechnung gestellten Abschlagszahlung in Höhe von brutto 2380,00 € muss Maier nun noch den Restbetrag von 1190,00 € (inkl. 19 % USt) entrichten.

Behandlung der Umsatzsteuer aus der Sicht von Bruchkiste:
Bruchkiste muss nach § 13 (1) Nr. 1a S. 2 UStG für die erbrachte Teilleistung (Rechnung vom 15.07.00) die Umsatzsteuer in Höhe von 380,00 € dem Finanzamt am 10.08.00 melden und entsprechend bezahlen.

Hinsichtlich der Schlussrechnung, in der die Abschlagszahlung berücksichtigt wurde, darf Bruchkiste gemäß § 13 (1) Nr. 1a S. 1 UStG bei der Erstellung seiner Umsatzsteuer-Voranmeldung von den ausgewiesenen 570,00 € die vorab angemeldeten und bezahlten 380,00 € abziehen. Zum 10.09.00 meldet Bruchkiste also 190,00 € (570,00 €/ abzüglich 380,00 €) für den Restbetrag an und zahlt diese entsprechend.

Behandlung der Vorsteuer aus Sicht von Kunden Maier:
Maier darf nach § 15 (1) Nr. 1 S. 2 UStG für den geleisteten Abschlag die Vorsteuer in Höhe von 380,00 € im Rahmen seiner Umsatzsteuer-Voranmeldung für 07/00 berücksichtigen. Eine ordnungsgemäß ausgestellte Abschlagsrechnung lag vor und die Teilleistung war erbracht. Der Zahlungszeitpunkt spielt im vorliegenden Fall keine Rolle.

Im Hinblick auf die Schlussrechnung darf Maier gemäß § 15 (1) Nr. 1 S. 1 UStG ebenfalls die Vorsteuer – ohne Berücksichtigung des Zahlungstermins – ziehen, denn die Leistung wurde erbracht und die ordnungsgemäße Rechnung liegt vor.

5.7.4 Preisnachlässe (Rabatte, Skonti, Boni)

Auch die Preisnachlässe spielen im Rahmen der Umsatzsteuer eine bedeutende Rolle. Als gelernter Sachbearbeiter weiß Sommerweizen, dass es unterschiedliche Preisnachlässe gibt. Um gleichzeitig seine buchhalterischen Kenntnisse nochmals ein wenig aufzufrischen, nimmt er seine Unterlagen aus der Berufsschule und arbeitet diese mit den entsprechenden Buchungssätzen nochmal auf.

5.7.4.1 Rabatte

Bei den Rabatten handelt es sich um Vergünstigungen aus verschiedenen Anlässen (beispielsweise Mengen- oder Treuerabatt), die sofort bei Vertragsabschluss gewährt und buchhalterisch nicht auf einem besonderen Konto erfasst werden müssen.

▶ Merke: Eine Umsatzsteuer-/Vorsteuerkorrektur ist bei einem Rabatt (sofort abzugsfähiger Preisnachlass) nicht erforderlich.

Sommerweizen überlegt, in welchem Bereich innerhalb seines Unternehmens Rabatte relevant sein könnten. Da erinnert er sich an den neuen Vector (Pkw), den er sich vor 2 Monaten für sein Unternehmen (nicht für Handelszwecke) gekauft hat. Er denkt: Schönes Auto ... 220 PS, Zweisitzer, schwarz metallic und viele Extras, die jeden Autofreak begeistern müssen. Aber er fragt sich auch, wie damals der Autokauf mit dem entsprechenden Vorsteuerabzug gebucht wurde. Er geht in sein Büro und greift sich den Buchhaltungsordner, in dem sich die Eingangsrechnungen befinden.

Beispiel 5.7.4.1 – Autokauf
Sommerweizen erinnert sich an den Kauf seines neuen Geschäftswagens vom Unternehmen Heul, den er, um beim Kunden Eindruck zu schinden, stets auf dem Hof vor dem Eingang des Autohauses platziert. Für die kleine Luxuslimousine zahlte er brutto 115.013,50 € inklusive 19 % USt.
Folgende Rechnung erhielt Sommerweizen bei Kauf des Vectors (Tab. 5.3):

Beispiel Rabatt bei Autokauf

Aufgrund einer Sonder-Verkaufsaktion erhält Sommerweizen durch den Lieferanten Heul einen Rabatt bei Vertragsabschluss in Höhe von 1190,00 € (brutto, inklusive 19 % USt).
Sommerweizen schaut sich die entsprechenden Buchungssätze auf dem Beleg an (Tab. 5.4):

Ein Ausgleich der Rechnung ist bisher noch nicht erfolgt.

Tab. 5.3 Rechnung Autokauf

Vorgang	Betrag/EUR
Kaufpreis Pkw (netto)	95.000,00
Überführungskosten	1000,00
Kfz-Schilder	50,00
Zulassung	80,00
Autoradio	520,00
Gesamtsumme (netto)	96.650,00
+ 19 % USt	18.363,50
Gesamtsumme (brutto)	115.013,50

Tab. 5.4 Rabatt bei Autokauf

Nr.	Vorgang	Sollkonto	Habenkonto	Betrag/EUR
1	Kaufpreis Pkw (netto)	Pkw (0320)	–	95.650,00
	Vorsteuer 19 % USt	Vorsteuer 19 % (1576)	–	18.173,50
	–	–	Kreditor Heul (72005)	113.823,50

5.7.4.2 Skonti bei Autokauf

Sommerweizen kann nicht verstehen, dass sein Mitarbeiter Herr Milber (Buchhalter) die Rechnung noch nicht beglichen hat. Denn Autohändler Heul hat die Möglichkeit eines Abzugs von 3 % Skonto eingeräumt, wenn innerhalb der von ihm gesetzten Zahlungsfrist der Rechnungsbetrag gezahlt wird. Sommerweizen beschließt, Herr Milber am nächsten Arbeitstag diesbezüglich zu fragen.

Beispiel 5.7.4.2 – Skonti

Herr Milber sitzt gerade bei einer Tasse Kaffee an seinem Arbeitsplatz, als Sommerweizen am frühen Morgen des 26.08.00 plötzlich vor seinem Schreibtisch auftaucht und ihn fragt, warum die Rechnung von Autohändler Heul noch nicht beglichen sei. Zahlungstermin sei der 26.08.00, also heute.

Milber rechtfertigt sich, in dem er Sommerweizen seine Arbeitsüberlastung anzeigt und diese Rechnung schlicht und einfach „vergessen" hätte. Sommerweizen ist außer sich, denn er ist schließlich ein sparsamer und kaufmännisch vernünftig denkender Unternehmer. So etwas dürfe nicht passieren, brüllt er Milber an. Schließlich sei Skonto einer der teuersten Kredite, die es gibt.

Der aufgeregte Arbeitgeber lässt sich telefonisch sofort mit Autohändler Heul verbinden. Beide einigen sich darauf, dass der Skontoabzug ausnahmsweise noch durchgeführt werden darf, obwohl das Geld heute bereits auf dem

5.7 Umsatzsteuerliche Besonderheiten

Geschäftskonto des Heul eingehen müsste, um die korrekte Skontofrist zu wahren. Dies ist zeitlich jedoch nicht zu realisieren.

Sommerweizen sichtlich froh, dass er bei Heul einen verständnisvollen Unternehmer gefunden hat, gibt Milber umgehend den Auftrag, in seinem Beisein die Rechnung unter Abzug von 3 % Skonto auf das Konto von Kreditor Heul zu überweisen.

Milber greift sich die Eingangsrechnung, die Sommerweizen schon gestern herausgesucht hatte und kontiert den Zahlungsvorgang wie folgt (Tab. 5.5):

Fortsetzung Beispiel
Sommerweizen rechnet nach:
a. Zahlungsbetrag: 113.823,50 € x 0,97 = 110.408,80 €
b. Korrektur Pkw (da die Anschaffungskosten sinken): 0,03 × 95.650,00 € = 2.869,50 €
c. Korrektur Vorsteuer auf Preisnachlass Pkw: 0,19 × 2869,50 € = 545,20 €
Alles stimmt ... jetzt ist Sommerweizen beruhigt.
Er hätte ansonsten 2869,50 + 545,20 = 3414,70 € verschenkt ... Das sind fast 1,5 Monatsgehälter von Milber ...

Der Buchhalter verspricht, zukünftig eine elektronische Überwachung der Fälligkeiten einzurichten, um solche Versäumnisse zu verhindern.

5.7.4.3 Boni
Bei einem Bonus handelt es sich um einen nachträglichen Preisnachlass. Auch hier ist eine Korrektur der Umsatzsteuer unter Umständen erforderlich.

Beispiel
Sommerweizen erhält vom Einzelunternehmer Blockner in 12/00 einen Bonus in Höhe von 23,80 € für Erreichen einer bestimmten Umsatzgrenze.
Buchhalter Milbert erfasst den Preisnachlass wie folgt (Tab. 5.6):

Tab. 5.5 Skonto bei Autokauf

Nr.	Vorgang	Sollkonto	Habenkonto	Betrag/EUR
2	Ausgleich Verbindlich.	Kreditor Heul (72005)	–	113.823,50
	Bankzahlung	–	Bank (1200)	110.408,80
	Skonto Pkw	–	Pkw (0320)	2869,50
	VoSt-Korrektur	–	Vorsteuer 19 % (1576)	545,20

Tab. 5.6 Bonus

Nr.	Vorgang	Sollkonto	Habenkonto	Betrag/EUR
1	Gutschrift	Kreditor Blockner (71002)	–	23,80
	Berücksichtigung Bonus	–	Erhaltene Boni (19 % VoSt) (3760)	20,00
	VoSt-Korrektur	–	Vorsteuer 19 % (1576)	3,80

5.7.5 Verzicht auf Steuerbefreiung (Option)

Bei der Option handelt es sich um den bewussten Verzicht auf die Steuerbefreiung. Durch die freiwillige Versteuerung des Umsatzes kann ein Vorsteuerabzug in bestimmten Fällen vorgenommen werden. Geregelt ist diese Besonderheit im § 9 UStG:

§ 9 UStG – Verzicht auf Steuerbefreiungen
(1) Der Unternehmer kann einen Umsatz, der nach § 4 Nr. 8 Buchstabe a bis g, Nr. 9 Buchstabe a, Nr. 12, 13 oder 19 steuerfrei ist, als steuerpflichtig behandeln, wenn der Umsatz an einen *anderen* Unternehmer *für dessen Unternehmen* ausgeführt wird […] [10].

Zu den vorgenannten Umsätzen zählen beispielsweise der Verkauf von Grundstücken oder Vermietungsumsätze.

Beispiel 5.7.5 – Option
Sommerweizen besitzt unter anderem ein Dreifamilienhaus (Betriebsvermögen) in Aachen. Das a) Erdgeschoss ist an Berta Brese (Köchin im Angestelltenverhältnis) vermietet. b) Bernd Roller (Einzelunternehmer mit Vorsteuerabzug; Fahrradverkauf) hat im ersten Obergeschoss seine Büroräume und c) Dr. Pein (Allgemeinmediziner) seine Arztpraxis im zweiten Obergeschoss. Für den Bau des Hauses hat Sommerweizen als Vorsteuer insgesamt 27.000,00 € in Rechnung gestellt bekommen Folgende Aufteilung des Gebäudes mit den dazugehörigen Mieteinnahmen pro Jahr liegen vor (Tab. 5.7):

5.7 Umsatzsteuerliche Besonderheiten

Tab. 5.7 Aufteilung Dreifamilienhaus – Beispiel Option nach § 9 UStG

	Nutzfläche	Mieteinnahmen/EUR
2. Obergeschoss (Arztpraxis)	90 m² (1/3)	23.000,00
1. Obergeschoss (Büroräume)	90 m² (1/3)	20.000,00
Erdgeschoss (Wohnung)	90 m² (1/3)	17.000,00
Gesamt	270 m³ (1/3)	60.000,00

Beispiel 5.7.5 – Option am Beispiel Mehrfamilienhaus
Sommerweizen stellt sich als Unternehmer die Frage, welche Vorsteuerbeträge im vorliegenden Fall abzugsfähig sind. Denn eigentlich sind alle (langfristigen) Mieten gemäß § 4 Nr. 12 a UStG umsatzsteuerbefreit. Aber im Vorfeld hat sich Sommerweizen bezüglich des Verzichts auf Steuerbefreiung informiert und schaut sich nun die Aufteilung seines Mietwohngebäudes an:

2. Obergeschoss (Arztpraxis)
Der Allgemeinmediziner Dr. Pein übt eine umsatzsteuerbefreite heilberufliche Tätigkeit aus. Diese ist gemäß § 4 Nr. 14a UStG umsatzsteuerbefreit. Eine Option ist im vorliegenden Falle nicht möglich, da § 9 UStG einen Befreiungsverzicht nicht vorsieht. Also hat Sommerweizen diesbezüglich auch keine Möglichkeit, die Vorsteuer von der zuständigen Finanzbehörde zurück zu fordern.

1. Obergeschoss (Büroräume)
Bei Bernd Roller handelt es sich um einen vorsteuerabzugsberechtigten Unternehmer. Sommerweizen vermietet ihm die Räumlichkeiten, damit er seine Verwaltung von diesem Ort aus betreiben kann. Der Vorsteuerabzug ist im vorliegenden Fall möglich, da Roller kein Kleinunternehmer ist und die Leistung für Zwecke seines Unternehmens nutzt. Die ihm von Sommerweizen in Rechnung gestellte Umsatzsteuer kann er sich von der Finanzbehörde wieder als Vorsteuer zurückfordern.

Erdgeschoss:
Berta Brese ist keine Unternehmerin, an die Sommerweizen entsprechend vermietet hat. Das bedeutet, dass der Vorsteuerabzug in diesem Fall nicht möglich ist. Er muss die gezahlte Umsatzsteuer tragen und kann diese nicht von seiner Finanzbehörde zurückfordern.

5.7.5.1 Zusammenfassung

Sommerweizen kann nur für die Wohnung im 1. Obergeschoss optieren, das heißt auf die Umsatzsteuerbefreiung nach § 4 Nr. 12a UStG verzichten, um für diesen Teil im Anschluss auch die Vorsteuer geltend zu machen.

Da die Vorsteuer bei Herstellung des Gebäudes 27.000,00 € (bei gleicher Nutzfläche pro Wohneinheit) beträgt, ist ein Abzug von 9000,00 € für das 1. Obergeschoss zulässig.

Somit kann Sommerweizen einen Betrag in Höhe von 9000,00 € als Vorsteuer von seiner Traglast (3800,00 € = 20.000,00 € Miete × 0,19) abziehen. Das heißt, er kann ein Vorsteuer-Guthaben in Höhe von 5200,00 € zurück fordern.

5.7.6 Vorsteuerkorrektur

Zum Abschluss des Umsatzsteuer-Lehrabschnitts informiert sich Sommerweizen noch über die Vorsteuerkorrektur nach § 15a UStG. Diese muss immer dann vorgenommen werden, wenn sich die Voraussetzungen für den Abzug innerhalb eines bestimmten Zeitraumes verändern.

§ 15a UStG – Vorsteuerabzug

1. Ändern sich bei einem *Wirtschaftsgut*, das nicht nur einmalig zur Ausführung von Umsätzen verwendet wird, *innerhalb von fünf Jahren ab* dem Zeitpunkt der erstmaligen Verwendung die für den ursprünglichen Vorsteuerabzug maßgebenden Verhältnisse, ist für jedes Kalenderjahr der Änderung ein Ausgleich durch eine Berichtigung des Abzugs der auf die Anschaffungs- oder Herstellungskosten entfallenden Vorsteuerbeträge vorzunehmen. Bei *Grundstücken* […] tritt an die Stelle des Zeitraums von fünf Jahren ein Zeitraum von *zehn Jahren* […] [11].

Eine Vorsteuerkorrektur ist nach gesetzlichen Vorgaben also zwingend erforderlich, wenn beispielsweise Güter des Anlagevermögens (zum Beispiel Pkw) innerhalb des 5-Jahres-Zeitraums nicht mehr zu betrieblichen, sondern privaten Zwecken genutzt werden und der Vorsteuer-Abzug bei Kauf oder Herstellung vorgenommen wurde.

Um diesen Sachverhalt anschaulich darzustellen, soll folgendes Beispiel dienen.

Beispiel 5.7.6 – Vorsteuerkorrektur nach § 15a UStG

Bruchkiste, der ebenfalls gerne schöne und teure Autos fährt, kauft zum 01.04.00 einen Pkw (für betriebliche Nutzung) für 60.000,- EUR zuzüglich 19 % USt (11.400,00 €).

Nach einem Jahr (01.04.01) entnimmt er den Pkw für private Zwecke. Der Teilwert (= Entnahmewert) soll 8500,00 € betragen. Bruchkiste wird die Privatentnahme der Umsatzsteuer unterwerfen.

5.7 Umsatzsteuerliche Besonderheiten

Die Berechtigung zum Vorsteuerabzug besteht vom 01.04.00–31.03.01 (also für 1 Jahr). Hiernach erfolgt die Entnahme in das Privatvermögen. Die Umsatzsteuer muss für den verbleibenden 4-Jahres-Zeitraum (01.04.01–31.03.05) nach § 15a UStG korrigiert werden.

Pro Jahr dürfte Bruchkiste (ohne den Entnahmevorgang) 2280,00 € (= 11.400,00 €/5 Jahre) als Vorsteuer in Abzug bringen. Da er aber den Pkw bereits nach einem Jahr entnimmt und zum Zeitpunkt des Erwerbs die Vorsteuer vom Finanzamt zurück gefordert hat, muss er nun die Vorsteuer für den 4-Jahres-Zeitraum (01.04.01–31.03.05) korrigieren. Außerdem ist der Entnahmevorgang als sogenannte *Unentgeltliche Wertabgabe* (früher: Eigenverbrauch) der Umsatzsteuer zu unterwerfen. Die Bemessungsgrundlage ist der Teilwert im Sinne des § 6 EStG Abschn. 5.2 Wichtige Definitionen.

Betrachtung 5-Jahreszeitraum 01.04.00–31.03.05 (Tab. 5.8).

Beispiel

Für den Monat, in dem Bruchkiste den Pkw für private Zweck entnommen hat, muss er folgende Umsatzsteuer-Voranmeldung an sein Finanzamt übermitteln (Tab. 5.9):

▶ Merke: Bei der Vorsteuerkorrektur nach § 15a UStG handelt es sich *nicht* um ein Wahlrecht!

Tab. 5.8 Vorsteuerkorrektur nach § 15a UStG

1. Jahr (01.04.00–31.03.01)	Voller Vorsteuerabzug	2280,00 €
Korrigiert werden müssen:		
2. Jahr (01.04.01–31.03.02)	Kein Vorsteuerabzug, Korrektur	2280,00 €
3. Jahr (01.04.02–31.03.03)	Kein Vorsteuerabzug, Korrektur	2280,00 €
4. Jahr (01.04.03–31.03.04)	Kein Vorsteuerabzug, Korrektur	2280,00 €
5. Jahr (01.04.04–31.03.05)	Kein Vorsteuerabzug, Korrektur	*2280,00 €*
Korrekturbetrag	4 × 2280,00 =	9120,00 €

Tab. 5.9 Berechnung Umsatzsteuer-Voranmeldung nach Vorsteuer-Korrektur

Umsatzsteuer auf die Privatentnahme (8500,00 € × 19 %) =	1615,00 €
Vorsteuerkorrektur nach § 15a UStG	*9120,00 €*
Gesamtbetrag der zu zahlenden Umsatzsteuer auf den vorliegenden Sachverhalt	10.735,00 €

5.8 Zusammenfassende Lernkontrolle

5.8.1 Kontrollfragen

1. Was versteht man unter einer *Gemeinschaftssteuer*?
2. Wofür steht die Abkürzung *ELSTER*?
3. Was ist unter dem Begriff *Sollversteuerung* zu verstehen?
4. Wo ist im Gesetz die *Steuerbarkeit* von Umsätzen geregelt?
5. Was ist unter einer umsatzsteuerlichen Leistung zu verstehen?
6. Wo findet man im Umsatzsteuergesetz die geforderten wesentlichen Merkmale einer Rechnung, die einen Unternehmer zum Vorsteuerabzug berechtigen?
7. Was ist unter der *Istversteuerung* zu verstehen?
8. Wozu zählt der *Säumniszuschlag* und warum wird er in bestimmten Situationen erhoben?
9. Was versteht man unter dem Begriff *Option* und wo findet man diesen im Umsatzsteuergesetz geregelt?
10. Wann ist eine *Vorsteuerkorrektur* nach § 15a UStG durchzuführen?

5.8.2 Lösungen zu den Kontrollfragen

1. Die Umsatzsteuer zählt zur Gruppe der *Gemeinschaftssteuern*, welche grundsätzlich Bund und Ländern gemeinschaftlich zusteht. Artikel 106 (5a) GG sieht vor, dass auch die Gemeinden bei der Verteilung der Steuereinnahmen mit einbezogen werden können. Die Zuweisung erfolgt hier mittels Bundesgesetz. Weitere Gemeinschaftssteuern sind zum Beispiel die Körperschaft- und Einkommensteuer.
2. *ELSTER* steht für Elektronische Steuererklärung
3. Bei der *Sollversteuerung* oder Versteuerung nach vereinbarten Entgelten handelt es sich um eine Versteuerungsform, wo der Zeitpunkt der Vereinnahmung des Entgelts für die Besteuerung unerheblich ist (Regelfall).
4. § 1 UStG
5. Unter einer umsatzsteuerlichen Leistung versteht man die *Lieferung* (Verschaffung der Verfügungsmacht an einem Gegenstand) oder *sonstige Leistung* (zum Beispiel Dienstleistung)
6. § 14 (4) UStG

7. *Istversteuerng* ist die Versteuerung nach vereinnahmten Entgelten. Der Zeitpunkt der Zahlung oder Einnahme spielt im Hinblick auf die Besteuerung eine bedeutende Rolle.
8. Der Säumniszuschlag gehört zu den steuerlichen Nebenleistungen und wird erhoben, wenn die Zahlung an das Finanzamt zu spät erfolgt ist (§ 240 AO). Die Geleistete Anzahlung ist eine Zahlung vor Inanspruchnahme einer Gegenleistung (Vorauskasse). Die Vorsteuer kann bereits abgezogen werden, wenn eine ordnungsgemäße Rechnung im Sinne des § 14 UStG vorliegt und eine Zahlung erfolgt ist.
9. Die Option steht für Verzicht auf Steuerbefreiung und ist im § 9 UStG zu finden.
10. Die Vorsteuerkorrektur nach § 15a UStG ist vorzunehmen, sobald sich innerhalb der im Gesetz festgelegten Zeiträume von 5 oder 10 Jahren eine Nutzungsänderung stattfindet, die einen Vorsteuerabzug nicht weiter rechtfertigen.

5.9 Übungen

5.9.1 Übungsaufgaben

1. Entscheiden Sie bitte, ob bei den nachfolgenden Personen die Eigenschaft eines umsatzsteuerlichen Unternehmers im Sinne des § 2 UStG besteht.
    a. Karl Kluge ist angestellter Arzt in einer Fachklinik.
    b. Rechtsanwalt Ratlos schreibt in seiner Freizeit Bücher über angewandtes Vertragsrecht.
    c. Peter Ungeduldig verkauft Bürobedarf in einem Kiosk. Er ist als Kleingewerbetreibender am Markt.

2. Erstellen Sie eine Eingangsrechnung unter Beachtung des § 14 (4) UStG.
3. Erläutern Sie das inländische (stark vereinfachte) System der Umsatzsteuer anhand einer einfachen Zeichnung. Nehmen Sie bitte die relevanten Fachbegriffe zur Hilfe.
4. Wann entscheidet der Steuerpflichtige sich gegen die Umsatzsteuerbefreiung (Option)?
5. Wann ist eine monatliche Umsatzsteuer-Vorauszahlung fällig und wann die Abschlusszahlung im Rahmen einer Umsatzsteuer-Jahreserklärung? Bitte zitieren Sie die entsprechende Vorschrift aus dem Umsatzsteuergesetz.

5.9.2 Lösungen zu den Übungsaufgaben

1. a. Kluge ist kein umsatzsteuerlicher Unternehmer, da er keine selbständige Tätigkeit ausübt.
   b. Ratlos ist umsatzsteuerlicher Unternehmer, da er diese Bücher in seiner Freizeit und nicht im Auftrag seines Arbeitgebers im Rahmen seiner Angestelltentätigkeit verfasst.
   c. Ungeduldig ist umsatzsteuerlicher Unternehmer nach § 2 UStG, da er alle Voraussetzungen erfüllt.
2. Keine Vorgabe, lediglich Verweis auf § 14 (4) UStG.
3. Abschn. 5.3 Kurzdarstellung des inländischen Umsatzsteuer-Systemsi.
4. Der Steuerpflichtige entscheidet sich gegen die Umsatzsteuerbefreiung, wenn er Vorsteuerbeträge zurückfordern kann, welche höher sind als die Umsatzsteuer-Traglast.
5. Umsatzsteuer-Vorauszahlung ist fällig am 10. Tag nach Ablauf des Voranmeldungszeitraums (§ 18 (1) UStG). Die Umsatzsteuer-Abschlusszahlung ist fällig innerhalb 1 Monats nach Eingang der Jahresumsatzsteuererklärung beim Finanzamt (§ 18 (1) 4 UStG).

Literatur

1. http://www.bundesfinanzministerium.de/Content/DE/Standardartikel/Themen/Steuern/Steuerschaetzungen_und_Steuereinnahmen/2016-01-29-steuereinnahmen-kalenderjahr-2015.pdf?__blob=publicationFileamp;v=3. Zugegriffen am 16.05.2016
2. http://www.gesetze-im-internet.de/ustg_1980/__3.html. Zugegriffen am 13.10.2019
3. http://www.gesetze-im-internet.de/ustg_1980/__15.html. Zugegriffen am 13.10.2019
4. http://www.gesetze-im-internet.de/ustg_1980/__14.html. Zugegriffen am 13.10.2019
5. http://www.gesetze-im-internet.de/ustg_1980/__18.html. Zugegriffen am 13.10.2019
6. http://www.gesetze-im-internet.de/ao_1977/__240.html. Zugegriffen am 13.10.2019
7. http://www.gesetze-im-internet.de/ao_1977/__152.html. Zugegriffen am 16.05.2018
8. http://www.gesetze-im-internet.de/ustg_1980/__19.html. Zugegriffen am 13.10.2019
9. http://www.gesetze-im-internet.de/ustg_1980/__13.html. Zugegriffen am 13.10.2019
10. http://www.gesetze-im-internet.de/ustg_1980/__9.html. Zugegriffen am 13.10.2019
11. http://www.gesetze-im-internet.de/ustg_1980/__15a.html1. bei der Versteuerung nach vereinbarten Entgelten (Sollbesteuerung) mit Ablauf des Voranmeldungszeitraums, in dem die Leistung ausgeführt wurde. Zugegriffen am 12.04.2015
12. http://www.gesetze-im-internet.de/gg/art_106.html. Zugegriffen am 13.10.2019
13. http://www.gesetze-im-internet.de/ustg_1980/__10.html. Zugegriffen am 13.10.2019
14. http://www.gesetze-im-internet.de/ao_1977/__33.html. Zugegriffen am 13.10.2019
15. http://www.gesetze-im-internet.de/estg/__6.html. Zugegriffen am 13.10.2019
16. http://www.gesetze-im-internet.de/ao_1977/__108.html. Zugegriffen am 13.10.2019

Gewerbesteuer 6

> **Zusammenfassung**
>
> Nachdem sich Sommerweizen bereits einen umfangreichen Überblick über 3 wichtige Steuerarten verschafft hat, möchte er sich abschließend noch der Gewerbesteuer widmen, welche als wichtiger Standortfaktor auch für ihn selbst eine bedeutende Rolle spielt. Neben den allgemeinen Merkmalen und Definitionen wichtiger steuerlicher Begrifflichkeiten, beschäftigt sich Sommerweizen mit der Berechnung der Gewerbesteuer-Schuld. Hierbei erfährt er auch einiges über den gewerbesteuerpflichtigen Personenkreis sowie die behördlichen Zuständigkeiten, wenn es um die Erhebung und Eintreibung der Gewerbesteuer geht.

Sommerweizen weiß, dass er als Einzelunternehmer nicht nur die Umsatz- oder Einkommensteuer schuldet. Er unterhält mit seinem Autohaus einen Gewerbebetrieb und somit ist er auch gewerbesteuerpflichtig. Das unterscheidet ihn von seinem Steuerberater Glaube. Dieser gehört zur Gruppe der Freiberufler. Warum diese nicht zu den gewerbesteuerpflichtigen Unternehmern zählt, wird später erläutert.

Carlo interessiert sich wieder für Wesensmerkmale, das Berechnungsschema, die Gründe für Hinzurechnungen und Kürzungen sowie wesentliche Definitionen relevanter Begrifflichkeiten im Rahmen der Gewerbesteuer.

Der Jungunternehmer verschafft sich auch bei dieser letzten Steuerart einen groben Überblick, ohne einen Anspruch auf Vollständigkeit zu erheben.

6.1 Wesensmerkmale

Die Gewerbesteuer ist geprägt durch folgende Merkmale:

- Gemeindesteuer
- Real-/Objektsteuer
- direkte Steuer
- Ertragsteuer
- Veranlagungssteuer
- Steuer mit hohem Aufkommen (wichtiger Standortfaktor)

Die Gewerbesteuer als *Gemeindesteuer* steht der Gemeinde zu. Diese hat sogenannte Ertragshoheit, also das Recht, über die entsprechenden Steuereinnahmen zu verfügen.

Als *Real-/Objektsteuer* ist die Gewerbesteuer eine Steuer, welche die Ertragskraft des Gewerbebetriebes besteuert.

Sie gehört im Gegensatz zur Umsatzsteuer zur Gruppe der *direkten Steuern*. Das heißt *Steuerschuldner* (derjenige, der die Steuern gegenüber dem Staat schuldet) und *Steuerträger* (derjenige, der durch die Steuer wirtschaftlich belastet ist) sind identische Personen.

Als *Ertragsteuer* wird die Gewerbesteuer auf die Bemessungsgrundlage des *Gewerbeertrages* erhoben. Sie besteuert also die Ertragskraft des gewerblichen Unternehmens.

Die Gewerbesteuer gehört, wie die Einkommen- oder Körperschaftsteuer, zur Gruppe der *Veranlagungssteuern*. Die Gewerbesteuer-Erklärung muss jährlich beim zuständigen Finanzamt eingereicht werden. In einem förmlichen Veranlagungsverfahren werden die Steuern festgesetzt. Gegensatz: Abzugssteuer (zum Beispiel Kapitalertragsteuer)

Sie ist mit ihrem hohen Einkommensanteil eine bedeutende Einnahmequelle für die Kommune.

Bei gleichzeitigem Anstieg der gesamten Steuereinnahmen in den Jahren 2011–2018 hat sich das Aufkommen der Gewerbesteuer ebenfalls erhöht (von 40 Mrd. € auf ca. 55,9 Mrd. €).

6.2 Wichtige Definitionen

Gewerbebetrieb
Geprägt durch Selbständigkeit, Nachhaltigkeit, Gewinnerzielungsabsicht, Teilnahme am allgemeinen wirtschaftlichen Verkehr, keine Land- und Forstwirtschaft, keine freiberufliche und sonstige selbständige Tätigkeit

Gewerbeertrag
= Bemessungsgrundlage (Basis) auf der die Gewerbesteuer berechnet wird.

Hebesatz
auch: Gewerbesteuer-Hebesatz ist der Steuersatz, welcher von den Gemeinden selbst festgelegt wird.

Steuermesszahl
Faktor zur Ermittlung des Gewerbesteuermessbetrages

6.3 Einkünfte aus Gewerbebetrieb

Sommerweizen möchte sich genau informieren, was ihn als Gewerbetreibenden von einem Freiberufler unterscheidet. Er hat in seiner Schulausbildung gelernt, dass die Gewerbesteuer auf dem Gewerbesteuer-Gesetz (GewStG) und entsprechender Richtlinien (GewStR) basiert.

6.3.1 Merkmale eines Gewerbebetriebs im Sinne des § 15 (2) EStG

Die Gewerbesteuer besteuert die Ertragskraft eines Gewerbebetriebes. Wer zu Gruppe der Gewerbetreibenden zählt, findet man jedoch nicht im Gewerbesteuer-Gesetz, wie man dies vielleicht vermuten könnte, sondern im Einkommensteuer-Gesetz. Denn: die *Einkünfte aus Gewerbebetrieb* gehören zu den sieben Einkunftsarten im Rahmen der Einkommensteuerberechnung.

§ 15 EStG – Einkünfte aus Gewerbebetrieb

[...] (2) 1Eine selbständige nachhaltige Betätigung, die mit der Absicht, Gewinn zu erzielen, unternommen wird und sich als Beteiligung am allgemeinen wirtschaftlichen Verkehr darstellt, ist Gewerbebetrieb, wenn die Betätigung weder als Ausübung von Land- und Forstwirtschaft noch als Ausübung eines freien Berufs noch als eine andere selbständige Arbeit anzusehen ist. [...] [3]

Ein Gewerbebetrieb ist also insgesamt durch folgende Merkmale geprägt:

- Selbständigkeit
- Nachhaltigkeit
- Gewinnerzielungsabsicht
- Beteiligung am allgemeinen wirtschaftlichen Verkehr
- keine Land- und Forstwirtschaft
- keine freiberufliche Tätigkeit
- keine sonstige selbständige Tätigkeit

Die vorgenannte Definition beinhaltet 4 positive und 3 negative Merkmale.

Die *positiven* Merkmale sind

- Selbständigkeit
- Nachhaltigkeit
- Gewinnerzielungsabsicht
- Teilnahme am allgemeinen wirtschaftlichen Verkehr.

Zu den n*egativen* Merkmalen zählen:

- keine Land- und Forstwirtschaft
- keine freiberufliche Tätigkeit
- keine sonstige selbständige Tätigkeit

Diese Merkmale bedürfen einer Erläuterung. Sommerweizen recherchiert zunächst die *positiven* Kriterien und findet folgendes heraus:

Selbstständigkeit: (*positives Merkmal*) Man unterscheidet zwischen *persönlicher* und *sachlicher* Selbstständigkeit.

Eine Person, welche nicht im Angestelltenverhältnis steht, also nicht weisungsgebunden ist, trägt unternehmerisches Risiko. Sie handelt auf *eigene Gefahr und eigene Rechnung*. Damit ist die *persönliche Selbständigkeit* gegeben.

6.3 Einkünfte aus Gewerbebetrieb

Von einer *sachlichen Selbstständigkeit* ist auszugehen, wenn der Unternehmer *nicht* in ein anderes Unternehmen eingegliedert ist, sondern für sich selbst eine eigenständige wirtschaftliche Einheit bildet.
Hierbei spielt jedoch das Gesamtbild der Situation eine entscheidende Rolle.

Beispiel 6.3.1.a – Selbstständigkeit
Sommerweizen gründet nach seiner Entlassung aus dem Arbeitsverhältnis ein Unternehmen (Autohandel mit angeschlossener Werkstatt).
Als Arbeitnehmer war Sommerweizen *weisungsgebunden* und *nicht selbständig*.
Mit der Gründung seines Einzelunternehmens hat er sich im Anschluss an seine Angestelltentätigkeit für die *persönliche und sachliche Selbstständigkeit* entschieden. Sommerweizen handelt auf eigene Gefahr und eigene Rechnung (persönliche Selbstständigkeit). Das Unternehmen Carlo Sommerweizen e.K. ist eine *eigenständige wirtschaftliche Einheit* und in *kein anderes Unternehmen eingegliedert*.

Nachhaltigkeit: (positives Merkmal) Ist die *Wiederholungsabsicht* einer unternehmerischen Tätigkeit erkennbar, so spricht man von einer *nachhaltigen Tätigkeit*. Ein einmaliges Ausführen reicht in der Regel diesbezüglich nicht aus.

Beispiel 6.3.1.b – Nachhaltigkeit
Carlo Sommerweizen richtete zu Beginn seiner unternehmerischen Tätigkeit sein Autohaus mit fabrikneuen und gebrauchten Personenfahrzeugen aus. Dies zeigt, dass er nicht die Absicht hat, lediglich *nur ein* Verkaufsgeschäft zu tätigen. Mit dem täglichen Angebot und Verkauf dieser Fahrzeuge übt Sommerweizen eine *nachhaltige Tätigkeit* aus.

Gewinnerzielungsabsicht: (positives Merkmal) Die *Absicht Gewinn zu erzielen* erfordert, dass ein Unternehmer nicht nur kostendeckend arbeitet, sondern auch versucht, betriebliche Einnahmen zu erzielen, die höher sind als die betrieblichen Ausgaben. Der Betrachtungszeitraum betrifft den gesamten Zeitraum seiner unternehmerischen Tätigkeit.

Beispiel 6.3.1.c – Gewinnerzielungsabsicht
Carlo Sommerweizen hat selbstverständlich als Autohändler die Absicht, über den gesamten unternehmerischen Zeitraum Gewinne zu erwirtschaften.

Teilnahme am allgemeinen wirtschaftlichen Verkehr (positives Merkmal) Die *Teilnahme am allgemeinen wirtschaftlichen Verkehr* erfordert, dass der Unternehmer am Markt als *Anbieter und Nachfrager von Gütern und Dienstleistungen* in Erscheinung tritt.

> **Beispiel 6.3.1.d – Teilnahme am allgemeinen wirtschaftlichen Verkehr**
> Carlo Sommerweizen veröffentlicht bereits im ersten Jahr seines unternehmerischen Daseins regelmäßig Angebote mit aktuellen und schönen Fahrzeugen in den regionalen Tageszeitungen seiner Stadt. Diese Fahrzeuge lässt Sommerweizen nach Bestellung durch den Kunden vom Werk an das Autohaus ausliefern.
> Außerdem schaltet er in Zeiten mit hohem Arbeitsaufkommen regelmäßig Anzeigen auf der Suche nach Aushilfen. Bei entsprechender beruflicher Qualifikation stellt der Unternehmer diese zeitlich befristet ein.

keine Land- und Forstwirtschaft (negatives Merkmal) Die *land- und forstwirtschaftliche Tätigkeit* wird im § 15 (2) EStG ausgeklammert, obwohl sie die gleichen positiven Kriterien erfüllt, wie die einer gewerblichen Tätigkeit. Jedoch gibt es bezüglich dieser Einkunftsart Besonderheiten (Sondertatbestände), welche im § 13 EStG zu finden sind.

> **Beispiel 6.3.1.e – keine Land- und Forstwirtschaft**
> Sommerweizen müsste die von ihm geschätzte Pferdezucht, die er in den nächsten Jahren zusätzlich zum Betrieb seines Autohauses anstrebt, im Rahmen der *Einkünfte aus Land- und Forstwirtschaft* nach § 13 EStG besteuern. Sie gilt nicht als Gewerbe.

keine freiberufliche Tätigkeit (negatives Merkmal) Die *freiberufliche Tätigkeit* ist von der gewerblichen Tätigkeit aufgrund einiger Besonderheiten abzugrenzen. Auch sie beinhaltet nahezu die gleichen Kriterien wie die eines Gewerbetreibenden, doch auch hier gibt es Sondertatbestände, die beachtet werden müssen (§ 18 EStG).

> **Beispiel 6.3.1.f – keine freiberufliche Tätigkeit**
> Carlo Sommerweizen erinnert sich an seinen letzten Zahnarztbesuch. Dr. Pein erzählte ihm in einem Gespräch unter Unternehmern, dass er nicht verpflichtet sei, eine Gewerbesteuer-Erklärung im Rahmen seines Jahresabschlusses beim Finanzamt einzureichen. Er sei kein Gewerbetreibender, sondern *Freiberufler*. Das konnte Sommerweizen zunächst nicht nachvollziehen. Schließlich hat der Zahnarzt nun keine unerheblichen Einnahmen… Sommerweizen recherchiert und zeigt seine Ergebnisse im Abschn. 6.3.2 *Unterschied Freiberufler/Gewerbetreibender*

6.3 Einkünfte aus Gewerbebetrieb

keine sonstige selbstständige Tätigkeit (negatives Merkmal) Auch die Tätigkeit eines Aufsichtsratsmitglieds oder die eines Vermögensverwalters zählen zu den Einnahmen aus selbständiger Tätigkeit im Sinne des § 18 EStG und werden somit nicht im Rahmen der Einkünfte aus Gewerbebetrieb nach § 15 EStG berücksichtigt.

> **Beispiel 6.3.1.g - Sonstige selbständige Tätigkeit**
> Sommerweizens früherer Schulkamerad Möller ist *Aufsichtsratsmitglied* bei der XY-AG. Dieser erzielt keine Einkünfte aus Gewerbebetrieb, sondern wie Carlos Zahnarzt, Einkünfte aus selbständiger Arbeit.

6.3.2 Unterschied Gewerbetreibender/Freiberufler

Sommerweizen interessiert insbesondere die Merkmale, welche ihn von seinem Zahnarzt, der sich als Freiberufler bezeichnet, unterscheiden.
Hier nun die Ergebnisse seiner Recherche:

6.3.2.1 Gewerbetreibender
Bei einem *Gewerbetreibenden* fallen gewerbliche Einkünfte im Sinne des § 15 (2) EStG an. Zu dieser Gruppe zählen zum Beispiel:

- Autohändler
- Textileinzelhändler
- Elektro-Fachhändler
- Sanitär-Ausstatter
- Schreinereibetriebe und viele mehr

Alle Unternehmer der vorgenannten Art sind *gewerbesteuerpflichtig*, das heißt, sie unterliegen den Vorschriften des Gewerbesteuergesetzes. Nicht alle vorgenannten Selbständigen müssen jedoch Gewerbesteuer entrichten. Es gibt Freibeträge, die zu einem späteren Zeitpunkt Abschn. 6.4 *Berechnungsschema Gewerbesteuer* erläutert werden.

Gewerbetreibende können unterschieden werden in *Kleingewerbetreibende* und *Kaufleute*. Während die Kleingewerbetreibenden nicht im Handelsregister eingetragen sind und somit keine Kaufmannseigenschaft besitzen, sind die Kaufleute im öffentlichen Verzeichnis des zuständigen Amtsgerichtes eingetragen und erfüllen in der Regel die Buchführungspflicht nach § 238 HGB. Auf das Wahlrecht, sich von der Buchführung nach § 241a HGB befreien zu lassen, geht Carlo nicht weiter ein.

Sind *Gewerbetreibende* beruflich nicht einsetzbar, zum Beispiel aufgrund von Krankheit, Urlaub oder ähnlichem, muss nicht zwangsläufig eine Ersatzkraft die Tätigkeit übernehmen, welche genau die gleiche berufliche Qualifikation mitbringt. Als Fazit lässt sich zusammentragen:

Wesentliche Merkmale eines Gewerbetreibenden

- Tätigkeit basiert auf den Vorschriften des § 15 (2) EStG (Einkünfte aus Gewerbebetrieb)
- Gewerbesteuerpflicht
- Buchführungspflicht, wenn Gewerbetreibender = Kaufmann, ohne Inanspruchnahme der Befreiungsmöglichkeit im Sinne des § 241a HGB
- Aufzeichnungspflicht, sofern Kleingewerbetreibender
- Ersatzkraft muss nicht die identische Ausbildung wie der Gewerbetreibende besitzen

Die Aufzählung ist nur beispielhaft und erhebt keinen Anspruch auf Vollständigkeit.

6.3.2.2 Freiberufler

Der Begriff des Freiberuflers entstammt dem Einkommensteuer-Gesetz. Hier findet sich ein Katalog der freiberuflichen Tätigkeiten, welcher aber nicht vollständig ist:

§ 18 (1) EStG – Einkünfte aus selbständiger Tätigkeit
(1) Einkünfte aus selbständiger Arbeit sind
   1. Einkünfte aus *freiberuflicher Tätigkeit*. 2Zu der freiberuflichen Tätigkeit gehören die selbständig ausgeübte wissenschaftliche, künstlerische, schriftstellerische, unterrichtende oder erzieherische Tätigkeit, die selbständige Berufstätigkeit der Ärzte, Zahnärzte, Tierärzte, Rechtsanwälte, Notare, Patentanwälte, Vermessungsingenieure, Ingenieure, Architekten, Handelschemiker, Wirtschaftsprüfer, Steuerberater, beratenden Volks- und Betriebswirte, vereidigten Buchprüfer, Steuerbevollmächtigten, Heilpraktiker, Dentisten, Krankengymnasten, Journalisten, Bildberichterstatter, Dolmetscher, Übersetzer, Lotsen und ähnlicher Berufe. 3Ein Angehöriger eines freien Berufs im Sinne der Sätze 1 und 2 ist auch dann freiberuflich tätig, wenn er sich der Mithilfe fachlich vorgebildeter Arbeitskräfte bedient; Voraussetzung ist, dass er auf Grund eigener Fachkenntnisse leitend und eigenverantwortlich tätig wird. 4Eine Vertretung im Fall vorübergehender Verhinderung steht der Annahme einer leitenden und eigenverantwortlichen Tätigkeit nicht entgegen. […] [2]

6.3 Einkünfte aus Gewerbebetrieb

Die „Katalogberufler" müssen also bei vorübergehender Verhinderung Ersatzkräfte für die Übernahme der jeweiligen Tätigkeit einsetzen, welche über die *gleiche berufliche Qualifikation* verfügen.

Beispiel 6.3.2.2 - Freiberufler
Dr. Pein – Sommerweizens Zahnarzt – hat einen dreiwöchigen Urlaub geplant. Sein Studienfreund Dr. Beiß (Veterinärmediziner) würde gerne seine Vertretung übernehmen. Jedoch sei dies nicht möglich, so Dr. Pein, da er sich als Zahnarzt eine Ersatzkraft suchen muss, welche sich in der Dentalmedizin auskennt und die entsprechende berufliche Qualifikation (also Zahnarzt) mitbringt. Er fragt Kollegin Frau Nett (Zahnärztin ohne Promotion), ob sie die Urlaubsvertretung übernehmen kann. Diese stimmt zu, da sie selbst keinen weiteren Urlaub dieses Jahr geplant hat.

Zusammenfassend lassen sich den Freiberuflern folgende Merkmale zuordnen:

- Eigenverantwortliche und selbständige (durch die eigene Person) ausgeführte Tätigkeit
- Keine Buchführungspflicht sondern Aufzeichnungspflicht
- Keine Gewerbesteuerpflicht
- Ausübung eines Katalogberufes im Sinne des § 18 (1) EStG
- Dienstleistungscharakter überwiegt
- Vergleichbare Qualifikation der Ersatzkraft bei vorübergehender Verhinderung des Freiberuflers erforderlich

Sommerweizen weiß: Die Aufzählung ist beispielhaft und erhebt keinen Anspruch auf Vollständigkeit.

6.3.3 Beginn und Ende der Gewerbesteuer-Pflicht

Im Hinblick auf den *Beginn* und das *Ende der Gewerbesteuer-Pflicht* muss zwischen den Gruppen Einzelunternehmen/Personengesellschaften und denen der Kapitalgesellschaften unterschieden werden.

6.3.3.1 Einzelunternehmen/Personengesellschaften

6.3.3.1.1 Beginn der Steuerpflicht
Bei Einzelunternehmen und Personengesellschaften *beginnt* die Gewerbesteuer-Pflicht mit der Aufnahme der unternehmerischen Tätigkeit.

Beginn der Steuerpflicht
Bei *Einzelgewerbetreibenden* und bei *Personengesellschaften beginnt* die *Gewerbesteuerpflicht* in dem Zeitpunkt, in dem erstmals alle Voraussetzungen erfüllt sind, die zur Annahme eines Gewerbebetriebs erforderlich sind. Bloße Vorbereitungshandlungen [...] begründen die Gewerbesteuerpflicht noch nicht. [...]

Der Eintrag ins Handelsregister ist für den Beginn der Gewerbesteuer-Pflicht bei Einzelunternehmen und Personengesellschaften unerheblich.

> **Beispiel 6.3.3.a – Beginn der Gewerbesteuerpflicht bei Einzelunternehmen/ Personengesellschaften**
> Sommerweizen suchte sich nach der Kündigung seines Arbeitgebers einen Standort für sein Autohaus mit angeschlossener Werkstatt. Da er in der gesamten Bundesrepublik umherreiste, um einen geeigneten Platz zu finden entstanden ihm Reisekosten von mehr als 500,00 €. Auf die Frage an seinen Steuerberater, ob er diese Kosten gewerbesteuerlich geltend machen könne, verneint er dies.
> Eine gewerbesteuerliche Berücksichtigung der 500,00 € ist nicht möglich, allerdings kann er vorgenannte Reisekosten im Rahmen der Einkommensteuer als vorweggenommene Betriebsausgaben geltend machen.

6.3.3.1.2 Ende der Steuerpflicht
Bei Einzelunternehmen und Personengesellschaften endet die Gewerbesteuerpflicht mit der Einstellung des Betriebs beziehungsweise *mit der Einstellung der werbenden Tätigkeit*. Dabei darf diese nicht nur vorübergehend sein.

> **Beispiel 6.3.3.1.2 – Ende der Gewerbesteuerpflicht bei Einzelunternehmern/ Personengesellschaften**
> Unternehmer Berti Altmann e.K. hatte im Jahr 01 die Idee, ab dem Jahr 02 in den wohlverdienten Ruhestand zu gehen. Er unterhielt bis zum 31.12.01 ein Unternehmen für Kfz-Zubehörteile in Form eines Einzelunternehmens. Da er die Einstellung des Betriebs nicht nur vorübergehend beabsichtigte, endete bei Altmann die Gewerbesteuerpflicht mit Einstellung des Betriebs beziehungsweise der werbenden Tätigkeit zum 31.12.01.

6.3.3.2 Kapitalgesellschaften

6.3.3.2.1 Beginn der Steuerpflicht
Für die Kapitalgesellschaften wie beispielsweise die Aktiengesellschaft (AG) oder die Gesellschaft mit beschränkter Haftung (GmbH) gilt nach § 2 (2) GewStG:

6.3 Einkünfte aus Gewerbebetrieb

▶ Kapitalgesellschaften sind Gewerbebetriebe kraft Rechtsform!

Für diese ist im Gegensatz zu den Einzelunternehmen und Personengesellschaften der Eintrag ins Handelsregister *Voraussetzung* für den Beginn der Gewerbesteuerpflicht.

Beginn der Steuerpflicht (Kapitalgesellschaften)
Die Steuerpflicht kraft Rechtsform beginnt bei Kapitalgesellschaften *mit der Eintragung* in das Handelsregister [...]. Von diesem Zeitpunkt an kommt es auf Art und Umfang der Tätigkeit nicht mehr an.

Beispiel 6.3.3.2.1 – Beginn Gewerbesteuerpflicht bei Kapitalgesellschaften
Sommerweizens Unternehmerkollege Schluchz führt sein Unternehmen als Gesellschaft mit beschränkter Haftung (GmbH). Da es sich hierbei um eine Kapitalgesellschaft handelt, begann für die Schluchz GmbH die Gewerbesteuerpflicht mit der Eintragung ins Handelsregister (Abteilung B für Kapitalgesellschaften).

6.3.3.2.2 Ende der Steuerpflicht

Das Ende der Gewerbesteuer-Pflicht ist bei Kapitalgesellschaften dann erreicht, wenn sie endgültig ihre gewerbliche Tätigkeit beenden und eine Verteilung des verbliebenen Vermögens an die Gesellschafter/Anteilseigner erfolgt.

Ende der Steuerpflicht (Kapitalgesellschaften)
Bei den Kapitalgesellschaften [...] erlischt die Gewerbesteuerpflicht – anders als bei Einzelkaufleuten und Personengesellschaften – nicht schon *mit dem Aufhören der gewerblichen Betätigung*, sondern mit dem Aufhören jeglicher Tätigkeit überhaupt. Das ist grundsätzlich der Zeitpunkt, in dem das Vermögen an die Gesellschafter verteilt worden ist.

Beispiel 6.3.3.2.2 – Ende der Gewerbesteuerpflicht bei Kapitalgesellschaften
Die Wirklich-Reich GmbH beendet ihre Unternehmereigenschaft, da ein neues Unternehmen mit neuem Unternehmensgegenstand gegründet werden soll. Das verbliebene Vermögen wird gegen Entgelt veräußert. Die hieraus erzielten Einnahmen werden unter den beteiligten Gesellschafter verteilt.

Mit Verteilung des verbliebenen Vermögens endet die Gewerbesteuerpflicht der GmbH.

6.3.4 Arten gewerblicher Einkünfte

Grundsätzlich unterscheidet man – so Bruchkiste – zwischen *laufenden* und *einmaligen Einkünften*.
Zu den *laufenden Einkünften* (wiederkehrende Einkünften) zählen beispielsweise nach (§ 15 (2) S. 1 Nr. 1und 2 EStG:

- Einkünfte aus gewerblichen Unternehmen und
- Einkünfte aus Mitunternehmerschaften (zum Beispiel Offene Handelsgesellschaft (OHG) oder Kommanditgesellschaft (KG)

Beispiel 6.3.4.a – Laufende Einkünfte aus gewerblichen Unternehmen
Bruchkiste erstellt für jedes Wirtschaftsjahr (01.01.-31.12.) eine Bilanz und eine Gewinn- und Verlustrechnung. In diesem Jahresabschluss findet sich das Ergebnis der laufenden Geschäftstätigkeit in Form des Gewinns oder des Verlustes.
So freut sich Bruchkiste, dass er – nachdem er im Jahr 01 Verluste in Höhe von 130.000,00 € erwirtschaftet hat, nun im Jahr 02 einen Gewinn in Höhe von 45.380,00 € feststellen konnte.

Beispiel 6.3.4.b – Laufende Einkünfte aus Mitunternehmerschaften
Karl Böckler (Sommerweizens Nachbar) ist Gesellschafter (Vollhafter) der Böckler-Richtig-Gut KG. Seine Einkünfte beliefen sich im Jahr 02 auf 20.530,00 €, die Böckler entsprechend beim Finanzamt erklärte.

Einmalige Einkünfte sind hingegen solche, die nicht wiederholt anfallen.

Beispiel 6.3.4.c – Einmalige Einkünfte
Sieglinde Huber ist an der Schluchz GmbH (Kapitalgesellschaft) zu 50 % beteiligt. Sie veräußert ihren Anteil an Carmen Lustig für einen Betrag von 180.000,00 €.
Die Einkünfte aus der Veräußerung sind *einmalig* und kehren nicht regelmäßig wieder.

6.4 Berechnungsschema Gewerbesteuer

Nachdem sich Sommerweizen nun schon einmal mit dem theoretischen Basiswissen „versorgt" hat, möchte er nun gerne wissen, wie die Gewerbesteuer-Schuld berechnet wird. Er schaut sich zunächst das allgemeine (stark vereinfachte) Berechnungsschema an: (Tab. 6.1)

6.5 Hinzurechnungen und Kürzungen

Tab. 6.1 Berechnungsschema Gewerbesteuer (stark vereinfacht)

	Gewinn/Verlust (§§ 4 und 5 EStG)
+	Hinzurechnungen (§ 8 GewStG)
./.	Kürzungen (§ 9 GewStG)
=	Maßgebender Gewerbeertrag (§ 7 GewStG, auf volle hundert EUR abgerundet)
./.	Freibetrag (§ 11(1) GewStG, abhängig von Rechtsform) [4]
=	Bereinigter Gewerbeertrag
×	3,5 % (§ 11(2) GewStG, einheitliche Steuermesszahl)
=	Gewerbesteuer-Messbetrag (1. Bescheid: „Gewerbesteuer-Messbescheid")
×	Hebesatz der Gemeinde (§ 16 GewStG)
=	Gewerbesteuerschuld (2. Bescheid: „Gewerbesteuer-Bescheid")

Während der *Gewerbesteuer-Messbescheid* als Grundlagen-Bescheid vom Finanzamt an den Steuerpflichtigen gesandt wird, ergeht der Gewerbe steuer-Bescheid als Folgebescheid von der jeweiligen Gemeinde an den Steuerpflichtigen. Es handelt sich um ein *zweigeteiltes Verfahren*.

6.5 Hinzurechnungen und Kürzungen

Mit den Hinzurechnungen und Kürzungen kann Sommerweizen zunächst nicht viel anfangen. Er fragt seinen guten Freund Uwe Meister, der ihm erklärt, dass solche Berechnungen nur deshalb vorgenommen werden, damit keine doppelte Besteuerung, aber auch keine doppelte Berücksichtigung von Verlusten erfolgt.

Es soll schließlich nur die Ertragskraft des Unternehmens mit der Gewerbesteuer besteuert werden.

▶ Hinzurechnungen und Kürzungen im Rahmen der Gewerbesteuer-Berechnung sollen *Doppelbesteuerungsvorgänge* und *Mehrfach-Berücksichtigungen* von Verlusten vermeiden.

▶ Ziel: die Versteuerung der Leistungsfähigkeit (Ertragskraft) des Unternehmens

6.5.1 Hinzurechnungen

6.5.1.1 Allgemeine Darstellung von Hinzurechnungen

Die Hinzurechnungen findet Carlo im Gewerbesteuergesetz:

§ 8 GewStG – Hinzurechnungen
2. Ein Viertel der Summe aus
   a. Entgelten für Schulden.[...]
   b. Renten und dauernden Lasten. [...]
   c. Gewinnanteilen des stillen Gesellschafters [...]
   d. einem*Fünftel* der Miet- und Pachtzinsen (einschließlich Leasingraten) für die Benutzung von *beweglichen* Wirtschaftsgütern des Anlagevermögens, [...]
   e. der*Hälfte* der Miet- und Pachtzinsen (einschließlich Leasingraten) für die Benutzung der *unbeweglichen* Wirtschaftsgüter des Anlagevermögens, [...] und
   f. einem Viertel der Aufwendungen für die zeitlich befristete Überlassung von Rechten [...]

   soweit die Summe den Betrag von 100 000 € übersteigt;

[...] 8. die Anteile am Verlust einer in- oder ausländischen offenen Handelsgesellschaft, einer Kommanditgesellschaft oder einer anderen Gesellschaft, bei der die Gesellschafter als Unternehmer (Mitunternehmer) des Gewerbebetriebs anzusehen sind; [...] [5]

Sommerweizen liest sich den Abschnitt sehr genau durch. Er definiert für sich selbst zunächst die einzelnen Punkte wie folgt:

*Schulden...*sind zum Beispiel Überziehungszinsen bei Kontokorrentkrediten oder das Disagio

Renten und dauernde Lasten... werden beispielsweise als Kaufpreisrente für den Erwerb eines Unternehmens gezahlt.

Gewinnanteile des stillen Gesellschafters... das können nur die Zinsen (Entgelt für das zur Verfügung gestellte Fremdkapital) eines *typisch* stillen Gesellschafters sein (denkt sich korrekterweise Sommerweizen), denn der *atypische* stille Gesellschaft ist Mitunternehmer und bezieht Einkünfte aus Gewerbebetrieb.

Miet- und Pachtzinsen für bewegliche Anlagegüter... das können nur Mieten, Pachten und Leasingraten für zum Beispiel Maschinen, Fahrzeuge oder ähnlichem sein, sofern sie im Eigentum einer anderen Person stehen

Miet- und Pachtzinsen für unbewegliche Anlagegüter... das können nur Mieten, Pachten und Leasingraten für zum Beispiel Grundstücke oder Gebäude sein, sofern sie im Eigentum einer anderen Person stehen

Rechte... das sind mit Sicherheit Urheberrechte oder Konzessionen, wie Sommerweizen richtig feststellt.

6.5 Hinzurechnungen und Kürzungen

Die weiteren Punkte des § 8 GewStG schaut sich Sommerweizen nicht an, denn die Hinzurechnung von Verlusten an Personengesellschaften sind für ihn jetzt aktuell nicht interessant. Er weiß aber, wo er es bei Bedarf findet.

6.5.1.2 Beispiel: Hinzurechnung von Finanzierungsaufwendungen

Da er selbst als Gewerbetreibender gewerbesteuerpflichtig ist und bei Erwerb seiner Fahrzeuge in nicht unerheblichem Ausmaß Fremdkapital in Anspruch nehmen musste, schaut er sich an, wie man den Hinzurechnungsbetrag der vorgenannten Finanzierungskosten steuerlich korrekt ermittelt. Dazu nimmt er ein Fachbuch zur Hilfe und schaut sich die allgemeine – vereinfachte – Hinzurechnungsformel für § 8 Nr. 1a bis Nr. 1 f GewStG an: (Tab. 6.2)

Beispiel 6.5.1 – Hinzurechnung von Finanzierungsaufwendungen

Sommerweizen überlegt sich ein Zahlenbeispiel:

Die Schuldzinsen für langfristige Kredite sollen 22.500,00 € betragen, die für Lieferantenverbindlichkeiten 1200,00 €. Die Miete für den Verkaufsraum seines Autohauses soll 24.000,00 € pro Jahr betragen. Wie hoch ist der Hinzurechnungsbetrag nach § 8 GewStG?

Sommerweizen errechnet folgendes Ergebnis: (Tab. 6.3)

Tab. 6.2 Hinzurechnungen von Finanzierungsaufwendungen

+ Zinsen (= Entgelte für Fremdkapital)	100 %
+ Mieten/Leasingraten/Pachten von Immobilien	50 %
+ Mieten/Leasingraten/Pachten für bewegliche Güter	20 %
= Gesamtsumme der Finanzierungsaufwendungen	
./. Freibetrag (maximal)	100.000,00 €
= bei positivem Betrag, Hinzurechnung in Höhe von 25 % um Gewinn	–

Tab. 6.3 Hinzurechnung von Finanzierungsaufwendungen – ein Beispiel

		EUR (€)	EUR (€)
	Zinsen	–	–
	Langfristige Kredite	22.500,00	–
+	Lieferantenverbindlichkeit	*1200,00*	23.700,00
	Miete für Autohaus (Immobilie)	–	–
+	50 % von 24.000,00 €	–	*12.000,00*
=	Zwischensumme		35.700,00
./.	Freibetrag (maximal 100.000,00 €)	–	*35.700,00*
=	Hinzurechnungsbetrag	–	0,00

Da die Summe der Finanzierungsaufwendungen nach steuerlicher Berechnung weniger als 100.000,00 € betragen, sind keine Hinzurechnungen zum Gewinn notwendig.

Hätte Sommerweizen jedoch ein Darlehen zwecks Neubau einer eigenen Halle in Anspruch genommen, so läge der Zinsbetrag beispielsweise bei 110.000,00 €. Dann sähe die Rechnung wie folgt aus:

		EUR (€)	EUR (€)
	Zinsen	–	–
	Langfristige Kredite	110.000,00	–
+	Lieferantenverbindlichkeit	*1200,00*	111.200,00
./.	Freibetrag (maximal 100.000,00 €)	–	*100.000,00*
=	Zwischensumme	–	11.200,00
×	25 % (endgültiger Hinzurechnungsbetrag)	–	2800,00

Sommerweizen hätte seinem betrieblichen Ergebnis im Rahmen der Gewerbesteuer-Berechnung einen Wert in Höhe von 2.800,00 € hinzurechnen müssen.

6.5.2 Kürzungen

Sommerweizen schaut sich auch den Bereich der Kürzungsbeträge an. Für ihn sind in diesen Rahmen 2 Positionen interessant, die im Folgenden kurz dargestellt werden.

6.5.2.1 Allgemeine Darstellung von Kürzungen

§ 9 GewStG beinhaltet die Vorschriften zu gewerbesteuerlichen Kürzungen, die vom Gewinn zuzüglich der Hinzurechnungen subtrahiert werden. Hier ein Ausschnitt aus der gesetzlichen Vorschrift:

§ 9 GewStG – Kürzungen
Die Summe des Gewinns und der Hinzurechnungen wird gekürzt um

1. *1,2 % des Einheitswerts des zum Betriebsvermögen* des Unternehmers gehörenden und nicht von der Grundsteuer befreiten *Grundbesitzes*; maßgebend ist der *Einheitswert*, der auf den letzten Feststellungszeitpunkt […] vor dem Ende des Erhebungszeitraums (§ 14) lautet […].
5. die aus den Mitteln des Gewerbebetriebs geleisteten Zuwendungen (Spenden und Mitgliedsbeiträge) zur Förderung steuerbegünstigter Zwecke […]bis zur Höhe von insgesamt 20 % des um die Hinzurechnungen […] erhöhten Gewinns aus Gewerbebetrieb […] oder 4 Promille der Summe der gesamten Umsätze und der im Wirtschaftsjahr aufgewendeten Löhne und Gehälter. […] [6]

6.5 Hinzurechnungen und Kürzungen

6.5.2.2 Beispiel: Kürzung Grundbesitz

Nach § 9 Nr. 1 GewStG sind für alle betrieblich genutzten Grundstücke, die nicht von der Grundsteuer befreit sind, ein Kürzungsbetrag bei der Berechnung der Gewerbesteuer zu berücksichtigen. Dieser beträgt 1,2 % des Einheitswertes, welcher auf den letzten Feststellungszeitpunkt vor dem Erhebungszeitraum lautet.
Nach § 121a Bewertungsgesetz (BewG) ist das Ergebnis hieraus noch mit 140 % zu multiplizieren.

> **Beispiel 6.5.2.2 – Kürzung Grundbesitz**
> Sommerweizen besitzt ein betriebliches Grundstück in Wiesbaden. Er nutzt es für die Lagerung von alten Autoreifen und Zubehörteilen, die nicht mehr benötigt werden (Zwischenlager). Das Grundstück hat zum 01.01.1964 einen Einheitswert von 110.000,00 €. Für das Grundstück zahlt Sommerweizen regelmäßig Grundsteuer.
> Der Existenzgründer darf einen Kürzungsbetrag in Höhe von 110.000,00 € x 1,2 % x 140 % = 1848,00 € bei der Berechnung der Gewerbesteuer-Schuld berücksichtigen.

▶ Die *Anschaffungskosten des Grundstücks* spielen bei der Ermittlung der Gewerbesteuerschuld keine Rolle!

6.5.2.3 Beispiel: Zuwendungen (Spenden)

Nach § 10b (1) EStG sind in begrenztem Umfang Zuwendungen, also Spenden, bei der Berechnung der Gewerbesteuer zu berücksichtigen. Spenden an politische Parteien dürfen nicht abgezogen werden.
Der Höchstbetrag für den Abzug der Spenden ergibt sich entweder aus

a) 20 % des um den Zurechnungsbetrag erhöhten Gewinns oder
b) 4 ‰ der Summe aus Umsätze, Löhne und Gehälter

> **Beispiel 6.5.2.3 – Zuwendungen (Spenden)**
> Sommerweizen hat im vergangenen Jahr wie folgt gespendet: Für die Partei XY zahlte er 500,00 €, für seinen gemeinnützigen Verein Kloppi e. V. 1000,00. Der Gewinn inklusive aller Hinzurechnungen beläuft sich auf 80.100,00 €. Die Summe aus Umsätze, Löhne und Gehälter beträgt 95.000,00 €.
> Es sind stets beide Berechnungen (a+b) durchzuführen, um den höheren Höchstbetrag (Höchstgrenze für den wertmäßigen Abzug) zu ermitteln:

a) 20 % des Gewinns

Hier wären 20 % von 80.100,00 € = 16.020,00 € als Höchstbetrag zu berücksichtigen

b) 4 ‰ der Summe aus Umsätzen, Löhne und Gehälter

Hier wären 4 ‰ von 95.000,00 € = 380,00 € als Höchstbetrag abzugsfähig.

Da Alternative a) den höheren Höchstbetrag (16.020,00 €) liefert, wird b) nicht weiter beachtet.

Sommerweizen darf den komplett gezahlten Betrag an Kloppi e. V. in Höhe von 1000,00 € kürzen, da die Höchstgrenze von 16.020,00 € mit seiner Spende nicht überschritten wird.

Die Spende an die politische Partei ist gewerbesteuerlich jedoch nicht abzugsfähig.

6.6 Zuständigkeiten von Finanzamt und Gemeinden

Die Gewerbesteuer ist bezüglich ihrer Verwaltung eine *zweigeteilte Steuer*. Das heißt, Finanzamt und Gemeinden teilen sich in der Regel die Arbeit bezüglich Ermittlung des Gewerbesteuer-Messbetrages und Festsetzung/Erhebung der Gewerbesteuer untereinander auf.

6.6.1 Finanzamt

Das Finanzamt ist die erste Anlaufstelle für den Steuerpflichtigen, welcher im Rahmen des Jahresabschlusses eine Gewerbesteuer-Erklärung zwecks Ermittlung des Gewerbeertrages einreicht. Sofern das Finanzamt die steuerliche Situation als geklärt sieht, kann es nach Ermittlung der Bemessungsgrundlage dem Steuerpflichtigen den *Gewerbesteuer-Messbescheid* zusenden.

Es handelt sich hierbei um einen Grundlagenbescheid, der für die weitere Berechnung der Gewerbesteuer durch die zuständige Gemeinde wichtig ist und diesen zur Verfügung gestellt wird.

Die Berechnung des Gewerbesteuer-Messbetrages wurde bereits oben behandelt Abschn. 6.4 Berechnungsschema Gewerbesteuer

6.6.2 Gemeinde

Die Gemeinden ermitteln auf der Basis des Gewerbesteuer-Messbetrages die Gewerbesteuerschuld. Diese teilen sie dem Steuerpflichtigen in einem zweiten Bescheid, dem Gewerbesteuer-Bescheid, mit.

Die Höhe der Gewerbesteuer-Hebesätze (und damit ihre Einnahmen) bestimmen die Kommunen selbst. Sie sind berechtigt, von jedem Gewerbebetrieb in der Gemeinde Gewerbesteuer zu erheben, welcher die entsprechenden gesetzlichen Voraussetzungen erfüllt. Der Mindestsatz muss 200 % betragen § 16 (4) S. 2 GewStG.
Die Gewerbesteuer-Vorauszahlungen werden ebenfalls von den jeweiligen Gemeinden erhoben und vereinnahmt.

6.7 Steuerentstehung und Steuerfälligkeit

Sommerweizen möchte natürlich auch gerne wissen, wann die Gewerbesteuer entsteht beziehungsweise wann diese der Gemeinde überwiesen werden muss. Er greift sich das Gewerbesteuer-Gesetz und findet auf Anhieb die relevanten Vorschriften.

6.7.1 Steuerentstehung

Der wissbegierige Autohändler weiß mittlerweile, dass *Steuerentstehung* und *Steuerfälligkeit* unterschiedliche Bedeutung haben.

Gewerbesteuer-Vorauszahlung

> **§ 21 GewStG – Entstehung der Vorauszahlungen**
> Die Vorauszahlungen auf die Gewerbesteuer entstehen mit Beginn des Kalendervierteljahrs, in dem die Vorauszahlungen zu entrichten sind, oder, wenn die Steuerpflicht erst im Laufe des Kalendervierteljahrs begründet wird, mit Begründung der Steuerpflicht.

> **Beispiel 6.7.1.a – Entstehung der Gewerbesteuer-Vorauszahlungen**
> Sommerweizen startet am 01.02.00 mit seiner Selbständigkeit. Die Vorauszahlung der Gewerbesteuer entsteht mit Begründung der Steuerpflicht.

Gewerbesteuer-Schlusszahlung

> **§ 18 GewStG – Entstehung der Steuer**
> Die Gewerbesteuer entsteht, soweit es sich nicht um Vorauszahlungen (§ 21) handelt, mit Ablauf des Erhebungszeitraums, für den die Festsetzung vorgenommen wird (§ 18 GewStG).

> **Beispiel 6.7.1.b – Entstehung der Gewerbesteuer**
> Sommerweizen erzielt für den Erhebungszeitraum 02 (01.01.-31.12.) einen Gewinn. Er weiß, dass er hierauf auf jeden Fall Gewerbesteuer an die zuständige Gemeinde zahlen muss, da er alle Freibeträge ausgeschöpft hat. Die Gewerbesteuer entsteht mit Ablauf des Erhebungszeitraums, für den die Gemeinde die Gewerbesteuer festsetzt, also 02.

6.7.2 Steuerfälligkeit

Hinsichtlich der Steuerfälligkeit müssen die Zahlungsfristen in Bezug auf Vorauszahlung beziehungsweise der Gewerbesteuer-Nachzahlung beachtet werden.

Vorauszahlungen
Nach § 19 (2) GewStG beträgt die Höhe der Gewerbesteuer-Vorauszahlungen stets ein Viertel der Steuerschuld, welche sich bei der letzten Gewerbesteuer-Veranlagung ergeben hat.

> **Beispiel 6.7.2.a – Gewerbesteuer-Vorauszahlung**
> Sommerweizen hatte in 01 eine Gewerbesteuer-Schuld in Höhe von 12.000,00 €. Für den nachfolgenden Zeitraum hat er eine Vorauszahlung von 3000,00 € pro Quartal zu entrichten.

Sommerweizen weiß, dass die Vorauszahlungstermine natürlich auch gesetzlich vorgegeben sind. Da sein Wirtschaftsjahr mit dem Kalenderjahr übereinstimmt, ist für ihn nur § 19 (1) S. 1 GewStG interessant.

§ 19 GewStG – Vorauszahlungen
[1]Der Steuerschuldner hat am 15. Februar, 15. Mai, 15. August und 15. November Vorauszahlungen zu entrichten. […] (§ 19 EStG)

Sommerweizen schreibt sich vorgenannte Termine heraus und legt diese Herrn Milber (Buchhalter) auf den Schreibtisch: (Tab. 6.4)

Tab. 6.4 Zahlungstermine Gewerbesteuer

Zeitraum für den die GewSt zu zahlen ist	Termin bis zu dem eine Zahlung erfolgen muss
Quartal I	15.02.
Quartal II	15.05.
Quartal III	15.08.
Quartal IV	15.11.

Abschlusszahlung Aber auch die Schlusszahlung muss ja gesetzlich geregelt sein. Sommerweizen sucht weiter und wird fündig:

§ 20 GewStG – Abrechnung über die Vorauszahlungen
[…] (2) Ist die Steuerschuld größer als die Summe der anzurechnenden Vorauszahlungen, so ist der Unterschiedsbetrag, […] innerhalb eines Monats nach Bekanntgabe des Steuerbescheids zu entrichten (Abschlusszahlung) (§ 20 GewStG).

Beispiel 6.7.2.b – Gewerbesteuer-Abschlusszahlungen
Sommerweizen muss die Gewerbesteuer-Abschlusszahlung für 02 in Höhe von 1000,00 € zahlen. Dieses wurde per Gewerbesteuer-Bescheid festgesetzt. Die Steuerschuld beläuft sich bei ihm auf 21.000,00 € für das vorgenannte Jahr 02.
Bruchkiste hat pro Quartal einen Betrag in Höhe von 5000,00 € für 02 vorausgezahlt. Da der Betrag in Höhe von 20.000,00 € (4 × 5.000,00 €) nicht ausreiche, um die gesamte Gewerbesteuer-Schuld zu begleichen, ist der Nachzahlungsbetrag am (zum Beispiel) 15.02.04 (1 Monat nach Bekanntgabe des Bescheides) an die zuständige Gemeinde zu entrichten.

6.8 Anrechnung der Gewerbesteuer auf die Einkommensteuer

Nach § 4 (5b) EStG darf die Gewerbesteuer nicht mehr als Betriebsausgabe den steuerlichen Gewinn schmälern.

§ 4 EStG – Gewinnbegriff im Allgemeinen
[…] (5b) Die Gewerbesteuer und die darauf entfallenden Nebenleistungen sind keine Betriebsausgaben. […] [8]

Aufgrund der vorgenannten gesetzlichen Vorschrift hat zum Beispiel Sommerweizen als Gewerbetreibender die Möglichkeit, das 3,8-fache des Gewerbesteuer-Messbetrages auf die tarifliche Einkommensteuer anzurechnen.

§ 35 EStG
1. 1Die tarifliche Einkommensteuer […] ermäßigt sich […]
    1. bei Einkünften aus gewerblichen Unternehmen im Sinne des § 15 Absatz 1 Satz 1 Nr. 1

um das *3,8-fache* des jeweils für den dem Veranlagungszeitraum entsprechenden Erhebungszeitraum nach § 14 des Gewerbesteuergesetzes für das Unternehmen festgesetzten Steuermessbetrags (*Gewerbesteuer-Messbetrag*) […]

6.9 Zusammenfassendes Beispiel

Nun ein zusammenfassendes Beispiel zur Ermittlung der Gewerbesteuer-Schuld.

Beispiel 6.9 – Beispiel Berechnung Gewerbesteuer
Sachverhalt
Hinweis: Die Jahresangaben (z. B. 00, 05) sind neutral gewählt.
Sommerweizen ermittelt seinen betrieblichen Gewinn per Betriebsvermögensvergleich (Bilanzierung) gemäß § 4 Abs. 1 EStG. Sein Wirtschaftsjahr ist identisch mit dem Kalenderjahr. Der steuerliche Gewinn betrug im Jahr 01 vorläufig 102.500,00 €.

1. Am 01.10.01 nahm Sommerweizen ein betriebliches Bankdarlehen (Tilgung bis zum 31.12.05) in Höhe von 20.000,00 € auf. Hierfür zahlte er im Jahr 01 Zinsen in Höhe von 250,00 €. Für den Kontokorrentkredit zahlte er Zinsen in Höhe von 85,00 €.
2. Es wurden folgende Mieten von Sommerweizen gezahlt:
   a. für das Autohaus: 15.000,00 €
   b. für das im Autohaus vorhandene Mobiliar: 6000,00 €
3. Für ein an das Grundstück des Autohauses angrenzende eigene betriebliche Grundstück, welches Sommerweizen nur für Kundenparkplätze nutzt, wurde ein Einheitswert in Höhe von 50.000,00 € auf den 01.01.1964 festgestellt. Das Grundstück ist zu 80 % betrieblich genutzt

Sommerweizen stellt sich die Frage, wie hoch nun die Gewerbesteuer-Schuld sein wird, wenn er von einem Gewerbesteuer-Hebesatz von 415 % ausgeht.
Er berechnet wie folgt:

Vorgang	Berechnung	Vorschrift	EUR (€)	EUR (€)
Gewinn 00	–	–	–	102.500,00
+ *Hinzurechnungen*	–	§ 8 GewStG	–	–
Betriebliche Zinsen	250,00 + 85,00	§ 8 Nr. 1a GewStG	335,00	–
Miete Immobilien und Mobiliar	a) 50 % v. 15.000,00 b) 20 % v. 6000,00	a) § 8 Nr. 1e) GewStG b) § 8 Nr. 1d GewStG	7500,00 *1200,00*	–
Summe Finanzaufwand	–	–	9035,00	–
./. Freibetrag max. 100.000,00 €	–	§ 8 Nr. 1 GewStG	*9035,00*	–

Vorgang	Berechnung	Vorschrift	EUR (€)	EUR (€)
= Hinzurechnung 25 %	–	–	0,00	0,00
./. Kürzungen	–	§ 9 GewStG	–	–
Grundbesitz betrieblich	50.000,00 × 140 % × 1,2 % × 80 %	§ 9 Nr. 1 GewStG, § 121a BewG	–	672,00
= maßgebender Gewerbeertrag = Gewerbeertrag	–	§ 10 GewStG	–	101.828,00
Abrundung auf volle hundert Euro	–	§ 11 (1) S. 3 GewStG	–	101.800,00
./. Freibetrag	–	§ 11 (1) Nr. 1 GewStG	–	24.500,00
= Zwischensumme	–	–	–	77.300,00
× 3,5 % (Steuermesszahl)	–	§ 11 (2) GewStG	–	–
= Steuermessbetrag (gerundet)	–	–	–	2706,00
× Hebesatz (hier: 415 %)	–	§ 16 GewStG	–	–
= *Gewerbesteuer-Schuld*	–	–	–	*11.230,00*

6.10 Kontrollfragen

6.10.1 Kontrollfragen

1. Nennen Sie 4 Wesensmerkmale der Gewerbesteuer
2. Wo werden im Einkommensteuergesetz die Einkünfte aus Gewerbebetrieb definiert?
3. Nennen Sie bitte 4 positive Merkmale der Gewerbesteuer
4. Nennen Sie 3 Unternehmer, welche gewerblich tätig sind.
5. Nennen Sie 3 Freiberufler.
6. Wer ist zuständig für die Ermittlung des Gewerbesteuer-Messbetrages?
7. Wer ist zuständig für die Ermittlung der Gewerbesteuer-Schuld?
8. Wie hoch ist die Anzahl der Gewerbesteuer-Vorauszahlungen pro Jahr?
9. Welche Vorschrift im Einkommensteuergesetz regelt, dass die Gewerbesteuer keine Betriebsausgabe mehr ist?
10. Wie nennt man den Gewerbesteuer-Satz noch?

6.10.2 Lösungen zu Kontrollfragen

1. Gemeindesteuer, Real-/Objektsteuer, direkte Steuer, Ertragsteuer, Veranlagungssteuer, Steuer mit hohem Aufkommen (wichtiger Standortfaktor)
2. § 15 (2) EStG
3. Die *positiven* Merkmale sind Selbständigkeit, Nachhaltigkeit, Gewinnerzielungsabsicht, Teilnahme am allgemeinen wirtschaftlichen Verkehr.
4. Autohändler, Bäcker, Schreiner
5. Rechtsanwalt, Steuerberater, Dozent
6. Finanzamt
7. Zuständige Gemeinde
8. 4
9. § 4 (5b) EStG
10. Hebesatz

6.11 Übungen

6.11.1 Übungsaufgaben

1. Komplettberechnung Gewerbesteuer

Sachverhalt: Carlos Freund Bruchkiste ermittelt seinen betrieblichen Gewinn per Betriebsvermögensvergleich (Bilanzierung) gemäß § 4 (1) EStG. Sein Wirtschaftsjahr ist identisch mit dem Kalenderjahr. Der steuerliche Gewinn betrug im Jahr 01 vorläufig 104.500,00 €.

1. Am 01.11.01 nahm Bruchkiste ein betriebliches Bankdarlehen (Tilgung bis zum 31.12.05) in Höhe von 30.000,00 € auf. Hierfür zahlte er im Jahr 01 Zinsen in Höhe von 350,00 €. Für den Kontokorrentkredit zahlte er Zinsen in Höhe von 185,00 €.
2. Es wurden folgende Mieten von Rolf Bruchkiste gezahlt:
   a. für das Büro: 18.000,00 €
   b. für das im Büro vorhandene Mobiliar: 7000,00 €
3. Für ein an das angrenzende eigene kleine betriebliche Grundstück, welches Bruchkiste nur Kundenparkplätze nutzt, wurde ein Einheitswert in Höhe von 60.000,00 € auf den 01.01.1964 festgestellt. Das Grundstück ist zu 85 % betrieblich genutzt.

Carlo stellt sich bei der Berechnung die Frage, wie hoch nun die Gewerbesteuer-Schuld sein wird, wenn er von einem Gewerbesteuer-Hebesatz von 400 % ausgeht. Bitte helfen Sie Carlo und ermitteln Sie in übersichtlicher Form die Gewerbesteuerschuld unter Angabe der wichtigsten gesetzlichen Vorschriften.

1. Wie hoch ist der Zurechnungsbetrag im Sinne des § 8 Nr. 1 GewStG, wenn die Kontokorrentzinsen: 20.000,00 € und die betrieblichen Darlehenszinsen 110.000,00 € betragen?
2. Wie hoch ist der Zurechnungsbetrag im Sinne des § 8 Nr. 1 GewStG, wenn die Kontokorrentzinsen: 20.000,00 € und die betrieblichen Darlehenszinsen 70.000,00 € betragen?

6.11.2 Lösungen zu Übungsaufgaben

1. Berechnungsschema Gewerbesteuer

Vorgang	Berechnung	Vorschrift	EUR (€)	EUR (€)
Gewinn 00	–	–	–	104.500,00
+ *Hinzurechnungen*	–	§ 8 GewStG	–	–
Betriebliche Zinsen	350,00 + 185,00	§ 8 Nr. 1a GewStG	535,00	–
Miete Immobilien und Mobiliar	a) 50 % v. 18.000,00 b) 20 % v. 7000,00	a) § 8 Nr. 1e) GewStG b) § 8 Nr. 1d GewStG	9000,00 *1400,00*	–
Summe Finanzaufwand	–	–	10.935,00	–
./. Freibetrag max. 100.000,00 €	–	§ 8 Nr. 1 GewStG	*10.935,00*	–
= Hinzurechnung 25 %	–	–	0,00	0,00
./. *Kürzungen*	–	§ 9 GewStG	–	
Grundbesitz betrieblich	60.000,00 × 140 % × 1,2 % × 85 %	§ 9 Nr. 1 GewStG, § 121a BewG	–	*856,80*
= maßgebender Gewerbeertrag = Gewerbeertrag	–	§ 10 GewStG	–	103.643,20
Abrundung auf volle hundert Euro	–	§ 11 (1) S. 3 GewStG	–	103.600,00
./. Freibetrag	–	§ 11 (1) Nr. 1 GewStG	–	24.500,00
= Zwischensumme	–	–	–	79.100,00

Vorgang	Berechnung	Vorschrift	EUR (€)	EUR (€)
× 3,5 % (Steuermesszahl)	–	§ 11 (2) GewStG	–	–
= Steuermessbetrag (gerundet)	–	–	–	2769,00
× Hebesatz (hier: 400 %)	–	§ 16 GewStG	–	–
= *Gewerbesteuerschuld*	–	–	–	*11.076,00*

2. Berechnung des Hinzurechnungsbetrages nach § 8 GewStG (Tab. 6.5)

Der vorläufige Gewinn ist um einen Hinzurechnungsbetrag von 6000,00 € zu erhöhen.

3. Berechnung des Hinzurechnungsbetrages nach § 8 GewStG: (Tab. 6.6)

Es wird kein Wert dem vorläufigen steuerlichen Gewinn hinzugerechnet.

6.12 Schlussbemerkung

Sommerweizen sieht sich nach der Aufarbeitung der 4 wesentlichen Steuerarten, mit denen ein Existenzgründer konfrontiert wird, nunmehr in der Lage, das Fachvokabular seines Steuerberaters und der Finanzbehörden weitestgehend zu

Tab. 6.5 Finanzierungsaufwand nach § 8 Nr. 1 GewStG (Hinzurechnung)

	EUR (€)
Kontokorrentzinsen	20.000,00
+ Darlehenszinsen	110.000,00
= Summe	130.000,00
./. Freibetrag	100.000,00
= verbleibender (positiver) Betrag	30.000,00
× ¼ (Hinzurechnung)	*6000,00*

Tab. 6.6 Finanzierungsaufwand nach § 8 Nr. 1 GewStG (Hinzurechnung)

	EUR (€)
Kontokorrentzinsen	20.000,00
+ Darlehenszinsen	70.000,00
= Summe	90.000,00
./. Freibetrag max.	90.000,00
= verbleibender (positiver) Betrag	0,00
× ¼ (Hinzurechnung)	*0,00*

verstehen. Er weiß, dass er sich stets um die Aktualität seines fachlichen aber auch steuerlichen Wissens bemühen sollte, um sein Unternehmen erfolgreich lenken zu können. Denn:

▶ Ein Unternehmer ohne steuerliche Grundkenntnisse ist wie ein Auto ohne Bremse.

Viel Erfolg!!

Literatur

1. http://www.gesetze-im-internet.de/estg/__18.html. Zugegriffen am 12.06.2015
2. http://www.gesetze-im-internet.de/estg/__15.html. Zugegriffen am 12.04.2015
3. bei Einzelunternehmen/Personengesellschaften 24.500,00 EUR, bei Vereinen mit wirtschaftlichem Geschäftsbetrieb 5000,00 EUR und bei Kapitalgesellschaften 0,00 EUR
4. http://www.gesetze-im-internet.de/gewstg/__8.html. Zugegriffen am 12.04.2015
5. http://www.gesetze-im-internet.de/gewstg/__9.html. Zugegriffen am 12.04.2015
6. http://www.gesetze-im-internet.de/gewstg/__19.html. Zugegriffen am 12.04.2015
7. http://www.gesetze-im-internet.de/estg/__4.html. Zugegriffen am 12.04.2015
8. https://www.destatis.de/DE/Themen/Staat/Steuern/Steuereinnahmen/_inhalt.html. Zugegriffen am 13.10.2019

Übungsklausuren 7

> **Zusammenfassung**
>
> In diesem abschließenden Kapitel erhalten Sie zwei Probeklausuren mit der Bitte, diese ohne Lösungshinweise aus der Fachliteratur, sondern lediglich mit Taschenrechner und Gesetzestext zu lösen. Die Auflösung bzw. Vorschläge zur Lösung der Übungsaufgaben können Sie der Buch-Website des Springer-Verlages entnehmen.

In diesem abschließenden Kapitel erhalten Sie zwei Probeklausuren mit der Bitte, diese ohne Lösungshinweise aus der Fachliteratur, sondern lediglich mit Taschenrechner und Gesetzestext zu lösen.

Die Auflösung bzw. Vorschläge zur Lösung der Übungsaufgaben können Sie der Buch-Website des Springer-Verlages entnehmen.

Und nun wünschen Carlo Sommerweizen und die Autorin Ihnen viel Erfolg beim Lösen der Übungsaufgaben.

7.1 Übungsklausur

1. Erläutern Sie bitte 4 Merkmale der Gewerbesteuer.
2. Bitte definieren Sie nachfolgende Fachbegriffe bzw. Abkürzungen (in maximal 5 Sätzen pro Begriff!).

a) Zu versteuerndes Einkommen
b) Umsatzsteuer-Traglast
c) Teilschätzung
d) Vorsteuer

3. Ordnen Sie bitte die nachfolgenden Steuern ein in
   a) Verbrauchssteuer
   b) Personensteuer
   c) Keine Steuer
   d) Steuerliche Nebenleistung

Körperschaftsteuer, Branntweinsteuer, Gewerbesteuer, Zwangsgeld, Kfz-Zulassungsgebühr

4. Bitte erläutern Sie die Erstellung einer Umsatzsteuer-Voranmeldung unter Verwendung der entsprechenden Fachbegriffe in maximal 6 Sätzen.

5. Sachverhalt: Carlos Freund Bruchkiste ermittelt seinen betrieblichen Gewinn per Betriebsvermögensvergleich (Bilanzierung) gemäß § 4 (1) EStG. Sein Wirtschaftsjahr ist identisch mit dem Kalenderjahr. Der steuerliche Gewinn betrug im Jahr 01 vorläufig 105.380,00 €.
   1. Am 01.11.01 nahm Bruchkiste ein betriebliches Bankdarlehen (Tilgung bis zum 31.12.05) in Höhe von 40.000,00 € auf. Hierfür zahlte er im Jahr 01 Zinsen (350,00 €). Für den Kontokorrentkredit zahlte er Zinsen in Höhe von 1.185,00 €.
   2. Es wurden folgende Mieten von Rolf Bruchkiste gezahlt:
      a) für das Büro: 24.000,00 €,
      b) für das im Büro vorhandene Mobiliar: 3000,00 €,
      c) für ein an das angrenzende eigene kleine betriebliche Grundstück, welches Bruchkiste nur für Kundenparkplätze nutzt, wurde ein Einheitswert in Höhe von 60.000,00 € auf den 01.01.1964 festgestellt. Das Grundstück ist zu 83 % betrieblich genutzt.

   Carlo stellt sich bei der Berechnung die Frage, wie hoch nun die Gewerbesteuer-Schuld sein wird, wenn er von einem Gewerbesteuer-Hebesatz von 380 % ausgeht.
   Bitte helfen Sie Carlo und ermitteln Sie in übersichtlicher Form die Gewerbesteuerschuld unter Angabe der wichtigsten gesetzlichen Vorschriften.

6. Wie hoch ist der Zurechnungsbetrag im Sinne des § 8 Nr. 1 GewStG, wenn die Kontokorrentzinsen: 20.000,00 € und die betrieblichen Darlehenszinsen 98.000,00 € betragen?

7. Wie hoch ist der Zurechnungsbetrag im Sinne des § 8 Nr. 1 GewStG, wenn die Kontokorrentzinsen: 20.000,00 € und die betrieblichen Darlehenszinsen 70.000,00 € betragen?

7.2 Übungsklausur

1. Nennen Sie bitte 3 relevante Merkmale der Umsatzsteuer und erläutern Sie diese im Anschluss in maximal 4 Sätzen pro Merkmal.
2. Was unterscheidet den Freiberufler von einem Gewerbetreibenden? Gehen Sie bei Beantwortung dieser Frage auch bitte auf gewerbesteuerliche Aspekte ein.
3. Was unterscheidet aus umsatzsteuerlicher Sicht die Steuerentstehung von der Steuerfälligkeit? Bitte erläutern Sie unter Angabe der gesetzlichen Vorschriften.
4. Sommerweizen hat im vergangenen Jahr wie folgt gespendet: Für die Partei XY zahlte er 400,00 €, für seinen gemeinnützigen Verein Kloppi e. V. 2000,00 €. Der Gewinn inklusive aller Hinzurechnungen beläuft sich auf 80.500,00 €. Die Summe aus Umsätze, Löhne und Gehälter beträgt 93.000,00 €.
   Bitte ermitteln Sie den Höchstbetrag der abzugsfähigen Spenden/Zuwendungen. Nutzen Sie dabei bitte die Ihnen bekannten beiden Berechnungsmethoden.
5. Sachverhalt: Die Schuldzinsen für langfristige Kredite sollen 21.300,00 € betragen, die für Lieferantenverbindlichkeiten 111.000,00 €. Die Miete für den Verkaufsraum seines Autohauses soll lt. Sommerweizen 36.000,00 € pro Jahr kosten. Wie hoch ist der Hinzurechnungsbetrag nach § 8 GewStG? Ermitteln Sie bitte diesen Betrag rechnerisch nachvollziehbar.
6. Was besagt die gesetzliche Vorschrift des § 15a UStG? Erläutern Sie bitte ausführlich anhand eines Zahlenbeispiels.
7. Wie viele Gewinneinkunftsarten kennt das Einkommensteuer-Recht und wo findet man diese genau im Gesetz?
8. Bei welcher Einkunftsart dürfen aus Sicht der Einkommensteuer und Berechnung der Einkünfte keine Werbungskosten mehr berücksichtigt werden?

Viel Erfolg!!

The manufacturer's authorised representative in the EU is Springer Nature Customer Service Centre GmbH, Europaplatz 3, 69115 Heidelberg, Germany. If you have any concerns regarding our products, please contact ProductSafety@springernature.com

Printed and bound by CPI Group (UK) Ltd, Croydon, CR0 4YY
25/03/2026
02078195-0006